Anonymous

**Ausgewählte Schriften des Lucian für den Schulgebrauch**

Anonymous

**Ausgewählte Schriften des Lucian für den Schulgebrauch**

ISBN/EAN: 9783744654074

Hergestellt in Europa, USA, Kanada, Australien, Japan

Cover: Foto ©Paul-Georg Meister /pixelio.de

Weitere Bücher finden Sie auf **www.hansebooks.com**

# AUSGEWÄHLTE SCHRIFTEN DES LUCIAN.

## FÜR DEN SCHULGEBRAUCH

ERKLÄRT

VON

Dr. KARL JACOBITZ.

ERSTES BÄNDCHEN:

TRAUM. TIMON. PROMETHEUS. CHARON.

LEIPZIG,
DRUCK UND VERLAG VON B. G. TEUBNER.
1862.

# Vorwort.

Nicht ungern habe ich die Bearbeitung der zur Lectüre für Schüler geeigneten Schriften des Lucian übernommen, zumal da ich in früherer Zeit selbst mehrere derselben im Kreise junger Leute mit Vergnügen gelesen und erklärt. Denn dass sich dieser Schriftsteller mit nicht wenigen seiner Geistesproducte für junge Leute sowohl in öffentlichen Lehrstunden als zur Privatlectüre eigne, steht wohl ausser allem Zweifel. Beweis dafür sind ja auch die mehrfachen in neuerer Zeit von Schulleuten besorgten Ausgaben einzelner Schriften desselben. Inhalt und Form lassen in keiner Hinsicht etwas zu wünschen übrig und sind von der Beschaffenheit, dass ein jugendliches Gemüth, welches nur irgend Sinn für Anmuth und Schönheit hat, davon angesprochen und gefesselt werden muss. Auch von Seiten der Sprache verdient Lucian, der sich die vorzüglichsten Schriftsteller aus der Blüthezeit des classischen Alterthums zum Muster genommen und dieselben mehrfach auf eine wahrhaft geistreiche Weise nicht bloss nachgeahmt sondern wirklich nachgebildet hat, durchaus keine Zurückweisung, obschon er, wie ganz natürlich, in Folge des Zeitalters, dem er angehört, so manche Form und so manche Ausdrucksweise hat einfliessen lassen, die dem classischen Alterthum fremd sind.

Was nun das vorliegende erste Bändchen selbst anbetrifft, so ist dasselbe zumeist für das Bedürfniss solcher Schüler bestimmt, welche die Formenlehre gehörig inne haben und auch mit den ersten Hauptregeln der Syntax einigermassen vertraut sind. Daher habe ich denn auch gerade solche Schriften in dasselbe aufgenommen, welche sich ihres Inhalts wegen für einen solchen Leserkreis am meisten eignen und in Bezug auf das Verständniss fast gar keine oder nur geringe Schwierigkeiten haben. In den Anmerkungen ist vornehmlich das Grammatische, selbst solches, was einem guten Schüler schon bekannt sein soll, berücksichtigt worden, und für diejenigen, welche eine Regel in ihrem Zusammenhange kennen lernen oder sich dieselbe wieder gehörig in das Gedächtniss zurückrufen wollen, auf K. G. Krüger's griechische Sprachlehre für Schulen verwiesen worden, was in den späteren Bändchen seltner, wenigstens nicht in dem

Umfange geschehen wird. Desgleichen habe ich es für unumgänglich nothwendig erachtet, die Sprachweise des Lucian selbst und das ihm vorzugsweise Eigenthümliche in's Auge zu fassen, wobei namentlich auf das von der attischen Ausdrucksweise Abweichende, wovon sich so vieles trotz mehrfacher Bemühungen in neuerer Zeit durchaus nicht heraus escamotiren lässt, aufmerksam gemacht worden ist. Wie sollte auch ein Schriftsteller, der einer schon so späten Zeit angehört, trotz seines tiefen Studiums der Alten, von der fehlerhaften und minder reinen Sprechweise seiner Zeit so ganz und gar unberührt geblieben sein?

Noch zu erwähnen ist die Kritik, und rücksichtlich dieser zu bemerken, dass ich dieselbe, als dem Zweck einer solchen Ausgabe zuwider, mit äusserst geringen Ausnahmen fast durchweg ausgeschlossen, wohl aber Alles berücksichtigt habe, was die neuere Zeit in dieser Hinsicht zu Tage gefördert hat\*). Leider lässt sich nur davon, von einigen Kleinbesserungen abgesehen, oft nicht viel Gutes sagen. Es ist doch wahrlich, gelind gesagt, höchst lächerlich, einem alten Schriftsteller das Pensum wie einem Schulknaben — und wie oft zum Nachtheil des Sinnes! — corrigiren zu wollen.

Ueber das Leben des Lucian wird in einem der nachfolgenden Bändchen, so weit es für einen Schüler erforderlich ist, gesprochen werden.

Leipzig, im März 1862.

Dr. Karl Jacobitz.

---

\*) Von Conjecturen, die mir so ziemlich sicher zu stehen schienen, habe ich die meisten aufgenommen oder beibehalten, wie Somn. c. 13 σὺ τούς und τῶν λίθων. c. 14 ἔπριε. c. 17 ὡς ἐδόκει αὐτῷ καίεσθαι ἡ πατρῴα οἰκία, wo ich von keiner Urban'schen Conjectur etwas gewusst, ferner Tim. c. 21 das Cobetsche φοράδην für φορηδόν, und so noch anderes. Noch muss ich hier Herrn Fritzsche's Ausgabe des Somnium, der Schrift de conscribenda historia und des Gallus erwähnen, um zu bemerken, dass von dem, was in Bezug auf meine vor 25 Jahren erschienene grössere Ausgabe daselbst gesagt ist, fast kein Wort, und wenn es noch so arrogant klingt, auf Wahrheit beruht. Jedoch darüber mich näher auszusprechen werde ich vielleicht, obschon die Sache von keinem nur irgend bedeutenden Belang ist, nächstens bessere Gelegenheit finden. Wiewohl περισσὰ πράσσειν οὐκ ἔχει νοῦν οὐδένα.

# I.
## DER TRAUM.

Diese kleine Schrift, die uns einige Blicke in die Jugendjahre des Verfassers werfen lässt, hat Lucian keineswegs in seiner Jugend, sondern in bereits reiferen Jahren, als er nach vielen Reisen in seine Vaterstadt Samosäta in Syrien mit einem schon berühmt gewordenen Namen und in guten Vermögensumständen zurückkehrte, verfasst, wahrscheinlich um nach Art der damaligen Sophisten und Rhetoren mit ihr aufzutreten und sich damit seinen Mitbürgern, die ihn in dürftigen Umständen hatten aufwachsen sehen, zu empfehlen, und ihnen zu zeigen, dass seine ursprünglich ärmlichen Verhältnisse ihn keineswegs an seiner geistigen Ausbildung gehindert haben, zugleich aber auch, um junge mit gehörigen Geistesgaben ausgestattete Leute, denen alle äusseren Mittel fehlen, zu ermuntern, dieselbe Bahn zu betreten. Es wird daher von ihm in höchst einfacher, anmuthiger Form, welche zwischen Wahrheit und Dichtung die Mitte hält, erzählt, wie er von seinem Vater seiner Verhältnisse wegen zum Bildhauer bestimmt gewesen und zu diesem Zwecke seinem Oheim mütterlicher Seite, einem Steinmetzen, in die Lehre gegeben worden sei; wie er aber nach kurzer Zeit, als ihn letzterer einer Unvorsichtigkeit wegen gezüchtigt, wieder nach Hause gelaufen, wo er gleich in der ersten Nacht einen Traum gehabt, in dem ihm zwei Frauengestalten erschienen seien, die eine die Bildhauerkunst, die andere die wissenschaftliche Bildung vorstellend, und eine jede von beiden mit allen möglichen Ueberredungskünsten ihn für sich zu gewinnen sich bemüht habe. Endlich von der Wahrheit dessen, was die letztere vorgebracht, überzeugt, habe er sie nicht einmal ausreden lassen und sich ihr ohne weiteres ergeben. Nun habe diese zum Danke ihn auf einen mit Flügelrossen bespannten Wagen steigen lassen, ihn auf demselben durch die Lüfte geführt und ihm von da herab Städte, Völker und Reiche gezeigt, während er selbst wie Triptolemos Etwas auf die Erde herabgestreut, weswegen die Menschen zu ihm heraufgeblickt und ihn allenthalben mit Segenswünschen begleitet hätten. Auf die Erde

endlich von ihr zurückgebracht sei er nicht mehr in seiner früheren ärmlichen Gestalt erschienen.

Schliesslich fügt er noch eine Entschuldigung hinzu, dass er einen Traum erzählt, und beruft sich hierbei auf das Beispiel des Xenophon. Ebenso wie dieser habe er dabei einen nützlichen Zweck vor Augen gehabt, nämlich den, dass Jünglinge von guten Geistesanlagen, wenn auch in bedrängten Verhältnissen lebend, sich nicht niedrigen und gemeinen Beschäftigungen hingeben, sondern sich unbeirrt den Wissenschaften widmen mögen.

# I.

## ΠΕΡΙ ΤΟΥ ΕΝΥΠΝΙΟΥ ΗΤΟΙ ΒΙΟΣ ΛΟΥΚΙΑΝΟΥ.

1. Ἄρτι μὲν ἐπεπαύμην εἰς τὰ διδασκαλεῖα φοιτῶν ἤδη τὴν ἡλικίαν πρόσηβος ὤν, ὁ δὲ πατὴρ ἐσκοπεῖτο μετὰ τῶν φίλων, ὅ τι καὶ διδάξαιτό με. τοῖς πλείστοις οὖν ἔδοξε παιδεία μὲν καὶ πόνου πολλοῦ καὶ χρόνου μακροῦ καὶ δαπάνης οὐ μικρᾶς καὶ τύχης δεῖσθαι λαμπρᾶς, τὰ δ' ἡμέτερα μικρά τε εἶναι καὶ ταχεῖάν τινα τὴν ἐπικουρίαν ἀπαιτεῖν· εἰ δέ τινα τέχνην τῶν βαναύσων ἐκμάθοιμι τούτων, τὸ μὲν πρῶτον εὐθὺς ἂν αὐτὸς ἔχειν τὰ ἀρκοῦντα παρὰ τῆς τέχνης καὶ μηκέτ' οἰκόσιτος εἶναι τηλικοῦτος ὤν, οὐκ εἰς μακρὰν δὲ καὶ τὸν πατέρα εὐφρανεῖν ἀποφέρων ἀεὶ τὸ γιγνόμενον. 2. δευτέρας οὖν σκέψεως ἀρχὴ προὐ-

1. ἄρτι μὲν ἐπεπαύμην.. ὁ δέ, eben hatte ich aufgehört.. als. Eine Verbindungsweise, die in der Art erst bei Späteren vorkommt. Die Griechen coordiniren oft Nebenangaben mit dem Hauptsatze. Vgl. c. 3 zu Anf. — φοιτῶν. Das Partic. bei παύεσθαι durch den Infin. wiederzugeben. — τὴν ἡλικίαν πρόσηβος ὤν, dem reifen Jugendalter nahe. Dasselbe unten c. 16 ἀντίπαις. — ὅ τι καί, was eben, was nur, quid tandem. — παιδεία, wissenschaftliche Bildung, humanitas. — παιδεία μέν. Was entspricht dem im Folgenden? — τύχης, vom Vermögen, Vermögenszuständen. — ταχεῖάν τινα τὴν ἐπικουρίαν, d. i. τὴν ἐπικουρίαν, ἣ ταχεῖά τίς ἐστιν. Eine Verbindungsweise, die bei Luc. häufig vorkommt. Chor. 11: δεινήν τινα λέγεις τῶν ἀνθρώπων τὴν ἀβελτε- ρίαν. ib. 15: ὁρῶ ποικίλην τινὰ τὴν διατριβήν. ib. c. 4. Pisc. 20: πολυμιση τινα μέτει τὴν τέχνην. Jap. conf. 19 u. s. τίς bei Adj. u. Pron. zur Bezeichnung, dass dieselben nicht in ihrem vollen Sinne aufzufassen seien, etwas, einigermassen, ziemlich, quidam. Vgl. 4 u. s. — τούτων, diese gewöhnlichen. Ebenso im Latein. hic. — ἔχειν u. die folg. Inf. abhängig vom obigen ἔδοξε, aber mit veränderter Person. Warum erst ἔχειν und εἶναι mit ἄν, und dann das Fut. εὐφρανεῖν? — οἰκόσιτος, zu Hause oder an der Eltern Tische essend, sich den Unterhalt noch nicht selbst verdienend. — οὐκ εἰς μακράν, in kurzer Zeit, in kurzem, eine oft vorkommende Formel. Vgl. unten 10. II, 55. III, 20. — ἀεί, jedesmal. — τὸ γιγνόμενον, den Verdienst.

τέθη, τίς ἀρίστη τῶν τεχνῶν καὶ ῥᾴστη ἐκμαθεῖν καὶ ἀνδρὶ ἐλευθέρῳ πρέπουσα καὶ πρόχειρον ἔχουσα τὴν χορηγίαν καὶ διαρκῆ τὸν πόρον. ἄλλου τοίνυν ἄλλην ἐπαινοῦντος, ὡς ἕκαστος γνώμης ἢ ἐμπειρίας εἶχεν, ὁ πατὴρ εἰς τὸν θεῖον ἀπιδών, — παρῆν γὰρ ὁ πρὸς μητρὸς θεῖος, ἄριστος ἑρμογλύφος εἶναι δοκῶν — „οὐ θέμις,“ εἶπεν, „ἄλλην τέχνην ἐπικρατεῖν σοῦ παρόντος, ἀλλὰ τοῦτον ἄγε“ — δείξας ἐμέ — „καὶ δίδασκε παραλαβὼν λίθων ἐργάτην ἀγαθὸν εἶναι καὶ συναρμοστὴν καὶ ἑρμογλυφέα· δύναται γὰρ καὶ τοῦτο φύσεώς γε, ὡς οἶσθα, τυχὼν δεξιᾶς·“ ἐτεκμαίρετο δὲ ταῖς ἐκ τοῦ κηροῦ παιδιαῖς· ὁπότε γὰρ ἀφεθείην ὑπὸ τῶν διδασκάλων, ἀποξέων ἂν τὸν κηρὸν ἢ βόας ἢ ἵππους ἢ καὶ νὴ Δί᾽ ἀνθρώπους ἀνέπλαττον, εἰκότως, ὡς ἐδόκουν τῷ πατρί· ἐφ᾽ οἷς παρὰ μὲν τῶν διδασκάλων πληγὰς ἐλάμβανον, τότε δὲ ἔπαινος ἐς τὴν εὐφυΐαν καὶ ταῦτα ἦν, καὶ χρηστὰς εἶχον ἐπ᾽ ἐμοὶ τὰς ἐλπίδας, ὡς ἐν βραχεῖ μαθήσομαι τὴν τέχνην, ἀπ᾽ ἐκείνης γε τῆς πλαστικῆς. 3. ἅμα τε οὖν ἐπιτήδειος ἐδόκει ἡμέρα τέχνης ἐνάρχε-

---

Toxar. 18: καὶ τὸ γιγνόμενον ἐκ τούτου ἀποφέρων ἔτρεφε τὸν Δεινίαν u. s.
2. ῥᾴστη ἐκμαθεῖν. Ueber diesen Infin. bei Adj. s. Kr. Gr. §.55, 3, 7. — πρόχειρον ἔχουσα τὴν χορηγίαν, d. i. kein schweres Lehrgeld kostend. χορηγία bedeutet eigentl. die Kosten zur Ausrüstung eines Chores, dann überh. den wozu nöthigen Kostenaufwand. — πόρον, Auskommen, Erwerb durch Betreibung des Handwerks. — ἄλλου .. ἄλλην ἐπαινοῦντος. Ebenso im Latein. wiederzugeben, s. Zumpt §. 712. — ὡς ἕκ. γνώμης ἢ ἐμπ. εἶχεν, je nachdem ein Jeder Kenntniss oder Erfahrung hatte. ἔχειν mit Adverbien in der Bed. sich verhalten, sich befinden, hat oft einen Genetiv zur näheren Bestimmung bei sich. Toxar. 44: ὥς τις ἢ γένους ἢ πλούτου ἢ δυνάμεως ἔχει. Jup. tr. 7: ὡς ἂν ὕλης ἢ τέχνης ἔχοι u. s. — ἑρμογλύφος. 'Das griech. W. ἑρμ. bedeutet eigentl. einen Hermenschnitzer; es scheint aber zu Luc. Zeiten überh. für Bildhauer oder Bildner gebraucht worden zu sein. Luc. Oheim war ein Steinmetz, der sich gelegentlich auch mit Bildhauerei abgab, wie in Städten von so mittelmässigem Rang als Samosata, auch heutzutage gewöhnlich ist.' Wieland. — εἶναι nach vorangehendem δίδασκε würde ein Attiker nicht hinzugefügt haben. — καὶ τοῦτο, und zwar, zumal. Richtiger wäre καὶ ταῦτα, und vielleicht ist so zu schreiben. δύναται steht absolut. — τοῦ κηροῦ. Der Artikel, weil das Wachs, womit die Schreibtafeln überzogen waren, zu verstehen ist. — ὁπότε, sooft als, daher mit Optativ; iterativer Optativ. Ebenso c. 6. — ἂν .. ἀνέπλαττον, pflegte zu formen. Vgl. unten c. 6. Necyom. 7. 12. Tox. 31. Pisc. 11 u. s. — βόας, die attische Form wäre βοῦς. — εἰκότως, recht natürlich, naturgetreu. — ἀπ᾽ ἐκείνης, in Folge, wegen.
3. ἅμα τε .. καί, sobald als

σθαι, κἀγὼ παρεδεδόμην τῷ θείῳ μὰ τὸν Δί' οὐ σφόδρα τῷ
πράγματι ἀχθόμενος, ἀλλά μοι καὶ παιδιάν τινα οὐκ ἀτερπῆ
ἐδόκει ἔχειν καὶ πρὸς τοὺς ἡλικιώτας ἐπίδειξιν, εἰ φαινοίμην
θεούς τε γλύφων καὶ ἀγαλμάτιά τινα μικρὰ κατασκευάζων
ἐμαυτῷ τε κἀκείνοις οἷς προῃρούμην. καὶ τό γε πρῶτον ἐκεῖνο
καὶ σύνηθες τοῖς ἀρχομένοις ἐγίγνετο· ἐγκοπέα γάρ τινά μοι
δοὺς ὁ θεῖος ἐκέλευσεν ἠρέμα καθικέσθαι πλακὸς ἐν μέσῳ κει-
μένης ἐπειπὼν τὸ κοινὸν „ἀρχὴ δέ τοι ἥμισυ παντός.“ σκλη-
ρότερον δὲ κατενεγκόντος ὑπ' ἀπειρίας, κατεάγη μὲν ἡ πλάξ,
ὁ δὲ ἀγανακτήσας σκυτάλην τινὰ πλησίον κειμένην λαβὼν οὐ
πρᾴως οὐδὲ προτρεπτικῶς μου κατήρξατο, ὥστε δάκρυά μοι
τὰ προοίμια τῆς τέχνης. 4. ἀποδρὰς οὖν ἐκεῖθεν ἐπὶ τὴν οἰ- 4
κίαν ἀφικνοῦμαι συνεχὲς ἀναλύζων καὶ δακρύων τοὺς ὀφθαλ-
μοὺς ὑπόπλεως, καὶ διηγοῦμαι τὴν σκυτάλην, καὶ τοὺς μώ-
λωπας ἐδείκνυον· καὶ κατηγόρουν πολλήν τινα ὠμότητα προσ-
θείς, ὅτι ὑπὸ φθόνου ταῦτα ἔδρασε, μὴ αὐτὸν ὑπερβάλωμαι
κατὰ τὴν τέχνην. ἀγανακτησαμένης δὲ τῆς μητρὸς καὶ πολλὰ
τῷ ἀδελφῷ λοιδορησαμένης, ἐπεὶ νὺξ ἐπῆλθε, κατέδαρθον ἔτι
ἔνδακρυς καὶ τὴν νύχθ' ὅλην ἐννοῶν. 5. μέχρι μὲν δὴ τού- 5
των γελάσιμα καὶ μειρακιώδη τὰ εἰρημένα· τὰ μετὰ ταῦτα
δὲ οὐκέτι εὐκαταφρόνητα, ὦ ἄνδρες, ἀκούσεσθε, ἀλλὰ

.. so, kaum.. als. Tim. 20: ἅμα γοῦν ἔπεσεν ἡ ὕσπληγξ, κἀγὼ ἤδη ἀνακηρύττομαι νενικηκώς. Philops. 24: ἅμα γοῦν ἔγωγε ἅπαντα ἀκριβῶς ἑώρακα, καὶ τὸ χάσμα συνέμυεν. — παρεδεδόμην. Warum das Plusquamperf. u. nicht παρεδιδόμην? — ἐπίδειξιν, Gelegenheit sich zu zeigen. — φαινοίμην.. γλύφων, s. zu IV, 12. — οἷς προῃρούμην, Assimilation; s. Kr. Gr. §. 51, 10. — καθικέσθαι, abstossen. — ἀρχὴ δέ τοι ἥμισυ παντός, Horat. epist. 1, 2, 40: dimidium facti qui coepit habet. Frisch gewagt ist halb gewonnen. Luc. Hermot. 3. führt diese Sentenz auf Hesiodos, Jamblich. auf Pythagoras, Polyb. im Allgemeinen auf die Alten zurück. — κατενεγκόντος, sc. ἐμοῦ. Vgl. c. 17. Hermot. 22. Tox. 25 u. ö. Kr. Gr. §. 47, 4, 3. Welches Wort ist das Object? — μου κατήρξατο, weihte mich ein.

4. διηγοῦμαι τὴν σκυτάλην. Beachte die Kürze der Sprache des gewöhnlichen Lebens. — πολλήν τινα, s. zu 1. — μὴ..ὑπερβάλωμαι, weil er befürchtete, ich möchte. Der Begriff des Fürchtens liegt mit im Vorhergehenden, wie häufig. Uebrigens steht hier der Conjunct. nach einem histor. Tempus nach einer bei Luc. häufig vorkommenden Verbindung. Vgl. c. 18. So auch umgekehrt der Optat. nach einem Haupttempus, II, 54 z. E. III, 1. 19 u. ö. — ἀγανακτησαμένης. Eine nur hier vorkommende Medialform, die aber nicht zu ändern ist. Nach dem gewöhnlichen Sprachgebrauch müsste es ἀγανακτησάσης heissen. — τὴν νύχθ' ὅλην ἐννοῶν, die ganze Nacht hindurch nachdenkend. καταδαρθάνω ist in

ΛΟΥΚΙΑΝΟΥ

καὶ πάνυ φιληκόων ἀκροατῶν δεόμενα· ἵνα γὰρ καθ' Ὅμηρον εἴπω

θεῖός μοι ἐνύπνιον ἦλθεν ὄνειρος
ἀμβροσίην διὰ νύκτα

ἐναργὴς οὕτως, ὥστε μηδὲν ἀπολείπεσθαι τῆς ἀληθείας· ἔτι γοῦν καὶ μετὰ τοσοῦτον χρόνον τά τε σχήματά μοι τῶν φανέντων ἐν τοῖς ὀφθαλμοῖς παραμένει καὶ ἡ φωνὴ τῶν ἀκουσθέν-
6 των ἔναυλος· οὕτω σαφῆ πάντα ἦν. 6. δύο γυναῖκες λαβόμεναι ταῖν χεροῖν εἶλκόν με πρὸς ἑαυτὴν ἑκατέρα μάλα βιαίως καὶ καρτερῶς· μικροῦ γοῦν με διεσπάσαντο πρὸς ἀλλήλας φιλοτιμούμεναι· καὶ γὰρ ἄρτι μὲν ἂν ἡ ἑτέρα ἐπεκράτει καὶ παρὰ μικρὸν ὅλον εἶχέ με, ἄρτι δ' ἂν αὖθις ὑπὸ τῆς ἑτέρας εἰχόμην. ἐβόων δὲ πρὸς ἀλλήλας ἑκατέρα, ἡ μέν, ὡς αὑτῆς ὄντα με κεκτῆσθαι βούλοιτο, ἡ δέ, ὡς μάτην τῶν ἀλλοτρίων ἀντιποιοῖτο. ἦν δὲ ἡ μὲν ἐργατικὴ καὶ ἀνδρικὴ καὶ αὐχμηρὰ τὴν κόμην, τὼ χεῖρε τύλων ἀνάπλεως, διεζωσμένη τὴν ἐσθῆτα, τιτάνου καταγέμουσα, οἷος ἦν ὁ θεῖος, ὁπότε ξέοι τοὺς λίθους· ἡ ἑτέρα δὲ μάλα εὐπρόσωπος καὶ τὸ σχῆμα εὐπρεπὴς καὶ κόσμιος τὴν ἀναβολήν. τέλος δ' οὖν ἐφιᾶσί μοι δικάζειν, ὁποτέρᾳ βουλοίμην συνεῖναι αὐτῶν. προτέρα δὲ ἡ σκληρὰ
7 ἐκείνη καὶ ἀνδρώδης ἔλεξεν. 7. „ἐγώ, φίλε παῖ, Ἑρμογλυφικὴ τέχνη εἰμί, ἣν χθὲς ἤρξω μανθάνειν, οἰκεία τέ σοι καὶ συγγενὴς οἴκοθεν· ὅ τε γὰρ πάππος σου" — εἰποῦσα τοὔνομα

der Bedeutung von κατακλίνομαι zu nehmen.
5. καὶ πάνυ, gar sehr. — θεῖός μοι κτέ., Worte des Agamemnon Il. 2, 56 f. — ἡ φωνὴ τῶν ἀκουσθέντων ἔναυλος, die Stimme des Gehörten klingt mir noch in den Ohren.
6. δύο γυναῖκες. Eine Nachahmung der bekannten Erzählung des Prodikos von Herakles auf dem Scheidewege; vgl. Xen. mem. 2, 1, 21 ff. — ταῖν χεροῖν. Richtiger wäre τοῖν χ., s. Kr. Gr. §. 58, 1, 3. Bei Luc. indess ist diese Verbindung nicht selten; vgl. unten 13. — μικροῦ, um ein Kleines, beinahe; vollständig μικροῦ δεῖν, wie unten 16. Nigr. 34 u. s. Gleichbedeutend das folg.

παρὰ μικρόν. Ebenso ὀλίγου und ὀλίγου δεῖν. — αὐτῆς ὄντα, ihr angehörend. — τῶν ἀλλοτρίων, fremdes Gut. — αὐχμηρά, struppig. — διεζωσμένη τὴν ἐσθῆτα, d. i. mit von den Schultern gezogenem u. gürtelartig um die Lenden herumgeschlungenen Gewande, um so die Arme zur Arbeit frei zu haben. Ebenso De conscr. hist. 3: διαζωσάμενος τὸ τριβώνιον — ὁπότε ξέοι, s. oben zu c. 2. — τέλος, zulezt.
7. ἤρξω μανθάνειν. Warum nicht ἤρξω μανθάνων? s. Kr. Gr. §. 56, 5, 1. — οἰκεία τέ σοι καὶ συγγενὴς οἴκοθεν, befreundet dir oder vertraut mit dir und verwandt von Hause

τοῦ μητροπάτορος — "λιθοξόος ἦν καὶ τὼ θείω ἀμφοτέρω καὶ μάλα εὐδοκιμεῖτον δι' ἡμᾶς. εἰ δ' ἐθέλεις λήρων μὲν καὶ φληνάφων τῶν παρὰ ταύτης ἀπέχεσθαι," — δείξασα τὴν ἑτέραν — "ἕπεσθαι δὲ καὶ συνοικεῖν ἐμοί, πρῶτα μὲν θρέψῃ γεννικῶς καὶ τοὺς ὤμους ἕξεις καρτερούς, φθόνου δὲ παντὸς ἀλλότριος ἔσῃ καὶ οὔποτε ἄπει ἐπὶ τὴν ἀλλοδαπήν, τὴν πατρίδα καὶ τοὺς οἰκείους καταλιπών· οὐδὲ ἐπὶ λόγοις ἐπαινέσονταί σε πάντες. 8. μὴ μυσαχθῇς δὲ τοῦ σχήματος τὸ εὐτελὲς μηδὲ τῆς ἐσθῆτος τὸ πιναρόν· ἀπὸ γὰρ τοιούτων ὁρμώμενος καὶ Φειδίας ἐκεῖνος ἔδειξε τὸν Δία καὶ Πολύκλειτος τὴν Ἥραν εἰργάσατο καὶ Μύρων ἐπῃνέθη καὶ Πραξιτέλης ἐθαυμάσθη· προσκυνοῦνται γοῦν οὗτοι μετὰ τῶν θεῶν. εἰ δὴ τούτων εἷς γένοιο, πῶς μὲν οὐ κλεινὸς αὐτὸς παρὰ πᾶσιν ἀνθρώποις δόξεις, ζηλωτὸν δὲ καὶ τὸν πατέρα ἀποδείξεις, περίβλεπτον δὲ ἀποφανεῖς καὶ τὴν πατρίδα." ταῦτα καὶ ἔτι τούτων πλείονα,

aus. Ein Scholiast hätte zu οἴκοθεν zur Erklärung μητρόθεν hinzusetzen können. — καὶ μάλα, gar sehr. — πρῶτα μέν mit entsprechendem blossen δέ, wie oft bei Xenophon u. A. Das gewöhnliche ist πρ. μέν.. ἔπειτα oder εἶτα. — θρέψῃ γεννικῶς, von derber, kräftiger Nahrung. — ἐπὶ τὴν ἀλλοδαπήν, in's Ausland. — οὐδὲ ἐπὶ λόγοις ἐπαινέσονταί σε πάντες ist ironisch gesagt mit im Stillen zu denkendem Gegensatz ἀλλ' ἐπ' ἔργοις, und enthält einen verächtlichen Seitenblick auf die daneben stehende Παιδεία. Ebenso enthalten die kurz vorhergehenden Worte eine Anspielung auf die Reisen der damaligen Redekünstler.
8. τὸ εὐτελές und τὸ πιναρόν statt der abstracten Substantiva wie im Deutschen; vgl. Kr. §. 43, 4. Bei Luc. sehr häufig. Ebenso wird auch das Neutr. der Partic. gebraucht, s. II, 1. — Φειδίας ἐκεῖνος, jener berühmte Ph. aus Athen, Sohn des Charmides, der, ein Zeitgenosse des Perikles, sich besonders berühmt machte durch seine aus Elfenbein und Gold gearbeitete Statue des Zeus zu Olympia, in der er nach Homer. Il. 1, 529 ff. die Allmacht des Vaters der Götter und Menschen darzustellen (ἔδειξε) suchte. — Πολύκλειτος, ein sehr berühmter Bildner, wie Pheidias ein Schüler des Ageladas, war in Sikyon geboren, hatte aber in Argos, für das er das berühmte Standbild der Hera, gleichsam ein Gegenstück zum Zeus des Pheidias, verfertigte, das Bürgerrecht erhalten. Er wird dem Pheid. an die Seite, ja von Einigen sogar über ihn gestellt. — Μύρων, ebenfalls Schüler des Ageladas, aus Eleutherae in Böotien; sein berühmtestes Kunstwerk war eine Kuh aus Erz, die durch viele Sinngedichte gefeiert wurde, und zu Cicero's Zeit noch auf der Agora zu Athen stand. — Πραξιτέλης aus Athen, berühmter Bildhauer und Erzgiesser, Ol. 104—110., unter dessen Kunstwerken die knidische Aphrodite besonders hervorgehoben wird. — πῶς μὲν οὐ κλεινός, sollte nach der genaueren Wortstellung heissen πῶς οὐ κλεινὸς μέν. Allein diese Stellung der Partikel μέν ist nicht gerade so selten, und mit Recht sagt Schäfer zu irgend einer Stelle

διαπταίουσα καὶ βαρβαρίζουσα πάμπολλα, εἶπεν ἡ τέχνη, μάλα δὴ σπουδῇ συνείρουσα καὶ πείθειν με πειρωμένη· ἀλλ' οὐκέτι μέμνημαι· τὰ πλεῖστα γάρ μου τὴν μνήμην ἤδη διέφυγεν. ἐπεὶ
9 δ' οὖν ἐπαύσατο, ἄρχεται ἡ ἑτέρα ὧδέ πως· 9. „ἐγὼ δέ, ὦ τέκνον, Παιδεία εἰμὶ ἤδη συνήθης σοι καὶ γνωρίμη, εἰ καὶ μηδέπω εἰς τέλος μου πεπείρασαι. ἡλίκα μὲν οὖν τἀγαθὰ ποριῇ λιθοξόος γενόμενος, αὕτη προείρηκεν· οὐδὲν γὰρ ὅτι μὴ ἐργάτης ἔσῃ τῷ σώματι πονῶν κἂν τούτῳ τὴν ἅπασαν ἐλπίδα τοῦ βίου τεθειμένος, ἀφανὴς μὲν αὐτὸς ὤν, ὀλίγα καὶ ἀγεννῆ λαμβάνων, ταπεινὸς τὴν γνώμην, εὐτελὴς δὲ τὴν πρόοδον, οὔτε φίλοις ἐπιδικάσιμος οὔτε ἐχθροῖς φοβερὸς οὔτε τοῖς πολίταις ζηλωτός, ἀλλ' αὐτὸ μόνον ἐργάτης καὶ τῶν ἐκ τοῦ πολλοῦ δήμου εἷς, ἀεὶ τὸν προὔχοντα ὑποπτήσσων καὶ τὸν λέγειν δυνάμενον θεραπεύων, λαγὼ βίον ζῶν καὶ τοῦ κρείττονος ἕρμαιον ὤν· εἰ δὲ καὶ Φειδίας ἢ Πολύκλειτος γένοιο καὶ πολλὰ θαυμαστὰ ἐξεργάσαιο, τὴν μὲν τέχνην ἅπαντες ἐπαινέσονται, οὐκ ἔστι δὲ ὅστις τῶν ἰδόντων, εἰ νοῦν ἔχοι, εὔξαιτ' ἂν ὅμοιός σοι γενέσθαι· οἷος γὰρ ἂν ᾖς, βάναυσος καὶ χειρῶναξ καὶ ἀπο-
10 χειροβίωτος νομισθήσῃ. 10. ἢν δ' ἐμοὶ πείθῃ, πρῶτον μέν σοι πολλὰ ἐπιδείξω παλαιῶν ἀνδρῶν ἔργα, καὶ πράξεις θαυμαστὰς

des Demosthenes: persaepe positura particularum μέν et δέ non exigitur ad amussim. Vgl. Dial. deor. 20, 1 u. s. — μάλα δὴ σπουδῇ συνείρουσα, mit sehr grossem Eifer Ein's an's Andere reihend.
9. ἐγὼ δέ Gegensatz zu ἐγώ c. 7 zu A., wo indess deswegen nicht ἐγὼ μέν nöthig. — εἰς τέλος, d. i. vollkommen. — ἡλίκα .. τἀγαθά d. i. ἡλίκα τἀγαθά ἐστιν, ἄ, wie oft bei Luc. — οὐδὲν .. ὅτι μή, nichts ausser od. als. Vgl. Dial. mer. 7, 3: οὐδὲ προσίῃ ἄλλον τινὰ ὅτι μὴ μόνον Χαιρέαν. Icarom. 9: οὐδὲν γὰρ ὅτι μὴ τοῖς κωμικοῖς δορυφορήμασιν ἐοικότας αὐτοὺς εἰσάγουσιν. Kr. Gr. §. 65, 5, 11. — τὴν ἅπασαν ἐλπίδα, s. zu IV. 10. — ὀλίγα καὶ ἀγεννῆ λαμβάνων, geringes und gemeines Einkommen habend. — εὐτελὴς τὴν πρόοδον, armselig im Aufzuge, d. i. ohne Begleiter oder Clienten. — φίλοις ἐπιδικάσιμος, der die Sache seiner Freunde vor Gericht zu vertheidigen vermag, d. i. ihnen nützlich. — αὐτὸ μόνον, nichts anders als, eben nur, id ipsum. Eine bei Luc. oft vorkommende Formel. — τῶν ἐκ τοῦ π. δ. εἷς, einer aus dem grossen Haufen. Saturn. 2: τοῦ πολλοῦ δήμου εἷς. Apol. 15. — ἕρμαιον, Fund, Beute, Spielball. — πολλὰ θαυμαστά. Gewöhnlich wird πολύς durch καί, auch τε καί mit dem folg. Adj. verbunden, Catapl. 11: πολλὰ καὶ ἀγαθά u. ö. Dagegen Aristoph. eccl. 435: τὰς μὲν γυναῖκας πόλλ' ἀγαθὰ λέγων, σὲ δὲ πολλὰ κακά. Demosth. 20, 112: καὶ παρ' ἡμῖν ἐπὶ τῶν προγόνων πόλλ' ἀγάθ' εἰργασμένοι τινὲς οὐδενὸς ἠξιοῦντο τοιούτου. — οἷος, was für ein trefflicher Bildhauer.
10. πρῶτον μέν. Was entspricht

καὶ λόγους αὐτῶν ἀπαγγέλλουσα καὶ πάντων ὡς εἰπεῖν ἔμπειρον ἀποφαίνουσα, καὶ τὴν ψυχήν, ὅπερ σου κυριώτατόν ἐστι, κατακοσμήσω πολλοῖς καὶ ἀγαθοῖς κοσμήμασι, σωφροσύνῃ, δικαιοσύνῃ, εὐσεβείᾳ, πρᾳότητι, ἐπιεικείᾳ, συνέσει, καρτερίᾳ, τῷ τῶν καλῶν ἔρωτι, τῇ πρὸς τὰ σεμνότατα ὁρμῇ· ταῦτα γάρ ἐστιν ὁ τῆς ψυχῆς ἀκήρατος ὡς ἀληθῶς κόσμος. λήσει δέ σε οὔτε παλαιὸν οὐδὲν οὔτε νῦν γενέσθαι δέον, ἀλλὰ καὶ τὰ μέλλοντα προόψει μετ' ἐμοῦ, καὶ ὅλως ἅπαντα, ὁπόσα ἐστί, τά τε θεῖα τά τ' ἀνθρώπινα, οὐκ εἰς μακράν σε διδάξομαι. 11. καὶ ὁ νῦν πένης, ὁ τοῦ δεῖνος, ὁ βουλευσάμενος περὶ ἀγενοῦς οὕτω τέχνης, μετ' ὀλίγον ἅπασι ζηλωτὸς καὶ ἐπίφθονος ἔσῃ, τιμώμενος καὶ ἐπαινούμενος καὶ ἐπὶ τοῖς ἀρίστοις εὐδοκιμῶν καὶ ὑπὸ τῶν γένει καὶ πλούτῳ προὐχόντων ἀποβλεπόμενος, ἐσθῆτα μὲν τοιαύτην ἀμπεχόμενος," — δείξασα τὴν ἑαυτῆς· πάνυ δὲ λαμπρὰν ἐφόρει — „ἀρχῆς δὲ καὶ προεδρίας ἀξιούμενος· κἄν ποι ἀποδημῇς, οὐδ' ἐπὶ τῆς ἀλλοδαπῆς ἀγνὼς καὶ ἀφανὴς ἔσῃ· τοιαῦτά σοι περιθήσω τὰ γνωρίσματα, ὥστε τῶν ὁρώντων ἕκαστος τὸν πλησίον κινήσας δείξει σε τῷ δακτύλῳ „οὗτος ἐκεῖνος" λέγων. 12. ἂν δέ τι σπουδῆς ἄξιον ἢ τοὺς φίλους ἢ καὶ τὴν πόλιν ὅλην καταλαμβάνῃ, εἰς σὲ πάντες ἀποβλέψονται· κἄν πού τι λέγων τύχῃς, κεχηνότες οἱ πολλοὶ ἀκούσονται θαυμάζοντες καὶ εὐδαιμονίζοντές σε τῆς δυνάμεως

dem im Folgenden? — ὡς εἰπεῖν, so zu sagen, beinahe, prope, prope dixerim; Kr. Gr. §. 55, 1, 2. Vgl. Toxar. 4: ἅπασαν γὰρ οὗτοι ἀκτὴν καὶ πάντα αἰγιαλὸν ὡς εἰπεῖν διερευνησάμενοι. Alex. 2. Philops. 30. — ὡς ἀληθῶς, ὡς verstärkt, eigtl. wie wahr, so wahr wie, in Wahrheit. Nigr. 1. 7. Pisc. 34. 35. u. s. — καὶ ὅλως, kurz, denique. II, 13. 55. III, 1. u. s. — διδάξομαι. Die Medialform dieses Fut. für διδάξω steht oft bei Luc., vgl. Vit. auct. 3. 22. Dial. mer. 4, 5. Chronosol. 12. u. s. Ja sogar der Aor. ἐδιδαξάμην Harmon. 1. Gall. 20. Abdic. 24.
11. ὁ τοῦ δεῖνος. ὁ δεῖνα, der und der, der bewusste, von einem gewissen Menschen, den man entweder nicht nennen kann oder nicht nennen will. — ἀγενοῦς οὕτω, οὕτω nachgestellt, wie oft. II, 25. III, 7. — ἐπὶ τοῖς ἀρίστοις, neutrum; Pro laps. 16: ἐπὶ τοῖς ἀρίστοις γνωρίζεσθαι. — ἀποβλεπόμενος, mit Achtung und Bewunderung angeblickt. Ebenso Nigr. 13. Icar. 21. — προεδρίας, Vorsitz im Theater und bei Festlichkeiten. — τοιαῦτα .. τὰ γνωρίσματα d. i. τοιαῦτα τὰ γνωρίσματά ἐστιν, ἅ u. s. w. — οὗτος ἐκεῖνος, Harmon. 2: καὶ εἴ πού γε φανείη μόνον, ἐδείκνυτο ἂν τῷ δακτύλῳ, οὗτος ἐκεῖνος Ἡρόδοτός ἐστιν. Pers. sat. 1, 28: at pulchrum digito monstrari et dicier Hic est.
12. τῆς εὐποτμίας, glückliches Loos, näml. einen solchen Sohn zu haben. εὐπαιδίας wäre

τῶν λόγων καὶ τὸν πατέρα τῆς εὐποτμίας· ὃ δὲ λέγουσιν, ὡς
ἄρα καὶ ἀθάνατοί τινες γίγνονται ἐξ ἀνθρώπων, τοῦτό σοι περιποιήσω· καὶ γὰρ ἦν αὐτὸς ἐκ τοῦ βίου ἀπέλθῃς, οὔποτε
παύσῃ συνὼν τοῖς πεπαιδευμένοις καὶ προσομιλῶν τοῖς ἀρίστοις. ὁρᾷς τὸν Δημοσθένην ἐκεῖνον, τίνος υἱὸν ὄντα ἐγὼ
ἡλίκον ἐποίησα; ὁρᾷς τὸν Αἰσχίνην, ὃς τυμπανιστρίας υἱὸς
ἦν, ὅπως αὐτὸν δι' ἐμὲ Φίλιππος ἐθεράπευσεν; ὁ δὲ Σωκράτης καὶ αὐτὸς ὑπὸ τῇ ἑρμογλυφικῇ ταύτῃ τραφεὶς ἐπειδὴ τάχιστα συνῆκε τοῦ κρείττονος καὶ δραπετεύσας παρ' αὐτῆς ηὐ-
13 τομόλησεν ὡς ἐμέ, ἀκούεις ὡς παρὰ πάντων ᾄδεται. 13. ἀφεὶς
δὲ σὺ τοὺς τηλικούτους καὶ τοιούτους ἄνδρας καὶ πράξεις λαμπρὰς καὶ λόγους σεμνοὺς καὶ σχῆμα εὐπρεπὲς καὶ τιμὴν καὶ
δόξαν καὶ ἔπαινον καὶ προεδρίας καὶ δυνάμεις καὶ ἀρχὰς καὶ
τὸ ἐπὶ λόγοις εὐδοκιμεῖν καὶ τὸ ἐπὶ συνέσει εὐδαιμονίζεσθαι
χιτώνιόν τι πιναρὸν ἐνδύσῃ καὶ σχῆμα δουλοπρεπὲς ἀναλήψῃ
καὶ μοχλία καὶ γλυφεῖα καὶ κοπέας καὶ κολαπτῆρας ἐν ταῖν
χεροῖν ἕξεις κάτω νενευκὼς εἰς τὸ ἔργον, χαμαιπετὴς καὶ χαμαίζηλος καὶ πάντα τρόπον ταπεινός, ἀνακύπτων δὲ οὐδέποτε
οὐδὲ ἀνδρῶδες οὐδὲ ἐλεύθερον οὐδὲν ἐπινοῶν, ἀλλὰ τὰ μὲν

die eines Scholiasten würdige Erklärung. — ὃ δέ, was das aber anbetrifft, dass, wie das Latein. quod. — ὡς ἄρα, dass nämlich, dass ja, häufig bei Anführung eines Ausspruchs oder einer Meinung eines Andern. Vgl. De sacrif. 14. Jup. conf. 9 u. s. — οὔποτε παύσῃ u. s. w., durch Hinterlassung von Schriftwerken. — τίνος υἱὸν ὄντα ἐγὼ ἡλίκον ἐποίησα. Nicht selten werden so zwei Fragesätze im Griech. und Lat. in einen vereinigt, quo patre natum quantum reddiderim. Demosth. 4, 36: τίνα λαβόντα (αὐτὸν) τί δεῖ ποιεῖν. Kr. Gr. §. 51, 17, 10. Des Demosthenes Vater war Besitzer von zwei Säbel- u. Messerfabriken. — Αἰσχίνην, Zeitgenosse des Demosthenes u. als Haupt der makedonischen Partei in Athen der Gegner desselben, war, wie ihm Demosth. de cor. 284. vorwirft, der Sohn einer τυμπανίστρια, Paukenschlägerin, mit

Namen Glaukothea. — Σωκράτης, Sohn des Bildhauers Sophroniskos und der Phänarete, erlernte und betrieb in der Jugend die Kunst seines Vaters. — ἐπειδὴ τάχιστα, sobald als; Catapl. 24 u. s. — συνῆκε τοῦ κρείττονος. Anachars. 15: ἐπειδὰν πρῶτον ἄρξωνται συνιέναι τοῦ βελτίονος. Fugit. 3: εἰ καὶ μὴ σφόδρα ξυνίεσαν ὧν λέγοιμι. — ὡς ἐμέ, ὡς = πρός vor persönlichen Begriffen. Vgl. Nigr. 2. 28 u. ö. Warum ist εἰς ἐμέ hier sprachwidrig, s. Kr. Gr. 2 Th. §. 68, 21, 3.
13. προεδρίας καὶ δυνάμεις. Ueber solche Plur. Kr. Gr. §. 44, 3, 2. — μοχλία. Ein seltenes, ausser hier nur noch bei com. anon. Mein. IV, 684. vorkommendes Wort. Ebenso γλυφεῖον, Grabstichel, nur hier. — κάτω νενευκώς .. ἀνακύπτων δὲ οὐδέποτε. 'Sämmtliche Ausdrücke vom Bildhauer im eigentlichen, aber zugleich auch im uneigentlichen Sinne.' Geist.

ἔργα ὅπως εὔρυθμα καὶ εὐσχήμονα ἔσται σοι προνοῶν, ὅπως δὲ αὐτὸς εὔρυθμος καὶ κόσμιος ἔσῃ, ἥκιστα πεφροντικώς, ἀλλ' ἀτιμότερον ποιῶν σεαυτὸν [τῶν] λίθων."

14. Ταῦτα ἔτι λεγούσης αὐτῆς οὐ περιμείνας ἐγὼ τὸ τέλος τῶν λόγων ἀναστὰς ἀπεφηνάμην, καὶ τὴν ἄμορφον ἐκείνην καὶ ἐργατικὴν ἀπολιπὼν μετέβαινον πρὸς τὴν Παιδείαν μάλα γεγηθώς, καὶ μάλιστα ἐπεί μοι εἰς νοῦν ἦλθεν ἡ σκυτάλη, καὶ ὅτι πληγὰς οὐκ ὀλίγας εὐθὺς ἀρχομένῳ μοι χθὲς ἐνετρίψατο. ἡ δὲ ἀπολειφθεῖσα τὸ μὲν πρῶτον ἠγανάκτει καὶ τὼ χεῖρε συνεκρότει καὶ τοὺς ὀδόντας ἔπριε· τέλος δέ, ὥσπερ τὴν Νιόβην ἀκούομεν, ἐπεπήγει καὶ εἰς λίθον μετεβέβλητο. εἰ δὲ παράδοξα ἔπαθε, μὴ ἀπιστήσητε· θαυματοποιοὶ γὰρ οἱ ὄνειροι. 15. ἡ ἑτέρα δὲ πρός με ἀπιδοῦσα, „τοιγαροῦν ἀμείψομαί σε," ἔφη, „τῆσδε τῆς δικαιοσύνης, ὅτι καλῶς τὴν δίκην ἐδίκασας, καὶ ἐλθὲ ἤδη, ἐπίβηθι τούτου τοῦ ὀχήματος," — δείξασά τι ὄχημα ὑποπτέρων ἵππων τινῶν τῷ Πηγάσῳ ἐοικότων — „ὅπως εἰδῇς, οἷα καὶ ἡλίκα μὴ ἀκολουθήσας ἐμοὶ ἀγνοήσειν ἔμελλες." ἐπεὶ δὲ ἀνῆλθον, ἡ μὲν ἤλαυνε καὶ ὑφηνιόχει, ἀρθεὶς δὲ εἰς ὕψος ἐγὼ ἐπεσκόπουν ἀπὸ τῆς ἕω ἀρξάμενος ἄχρι πρὸς

— τῶν λίθων, als die Steine, die du bearbeitest. Sokrates bei Diog. Laert. 2, 33: ἔλεγε θαυμάζειν τῶν τὰς λιθίνους εἰκόνας κατασκευαζομένων τοῦ μὲν λίθου προνοεῖν, ὡς ὁμοιότατος ἔσται, αὐτῶν δ'ἀμελεῖν, ὡς μὴ ὁμοίους τῷ λίθῳ φαίνεσθαι.
14. ἀπεφηνάμην, ich erklärte mich. Vit. auct. 27: μὰ Δί', ἀλλ' ἤδη γε ἀπεφηνάμην. Hermot. 53 u. s. — εὐθὺς ἀρχομένῳ, gleich beim Anfange. Jud. voc. 4. u. s. — ἐνετρίψατο, hatte aufzählen lassen, näml. ἡ ἄμορφος καὶ ἐργατική. — τοὺς ὀδόντας ἔπριε, knirschte mit den Zähnen. Dial. meretr. 12, 2: πρίεις τοὺς ὀδόντας. — τὴν Νιόβην, Hom. Il. 24, 602 ff. Ovid. Met. 6, 146 — 312. Niobe, die Tochter des phrygischen oder lydischen Königs Tantalos, Gemahlin des Amphion, war stolz auf den Reichthum ihrer Kinder und überhob sich desselben gegen die Leto.

Deshalb tödtete der Leto Sohn, Apollon, ihre sieben Söhne mit seinen Pfeilen, und die sieben Töchter Artemis, Niobe selbst aber ward in einen Felsen auf dem lydischen Berge Sipylos verwandelt. — ἀκούομεν, näml. πεπηγέναι.
15. πρός με, s. zu II, 13. — ἀμείψομαί σε τῆσδε τῆς δικαιοσύνης, ich will dich belohnen für.
— τι ὄχημα ὑποπτέρων ἵππων τινῶν, eine Art Wagen, bespannt mit einer Art geflügelter Rosse. Herodot. 7, 40: ἐπ' ἅρματος ἵππων Νισαίων. Appian. Mithr. 70: λευκῶν ἵππων ἅρμα. — τῷ Πηγάσῳ, jenes geflügelte Götterross. — μὴ ἀκολουθήσας. Warum hier μή und nicht οὐκ? — ἀγνοήσειν ἔμελλες, dir hätte unbekannt bleiben müssen. Vgl. Prom. 15. Ebenso im Lat. der Indicativus, s. Zumpt § 498. — ἄχρι πρός, ebenso wie μέχρι πρός, häufig bei Luc. vor-

τὰ ἑσπέρια πόλεις καὶ ἔθνη καὶ δήμους, καθάπερ ὁ Τριπτόλεμος ἀποσπείρων τι ἐς τὴν γῆν. οὐκέτι μέντοι μέμνημαι, ὅ τι τὸ σπειρόμενον [ἐκεῖνο] ἦν, πλὴν τοῦτο μόνον, ὅτι κάτωθεν ἀφορῶντες ἄνθρωποι ἐπῄνουν καὶ μετ' εὐφημίας καθ' οὓς γενοίμην τῇ πτήσει, παρέπεμπον. 16. δείξασα δέ μοι τὰ τοσαῦτα κἀμὲ τοῖς ἐπαινοῦσιν ἐκείνοις ἐπανήγαγεν αὖθις οὐκέτι τὴν ἐσθῆτα ἐκείνην ἐνδεδυκότα, ἣν εἶχον ἀφιπτάμενος, ἀλλ' ἐμοὶ ἐδόκουν εὐπάρυφός τις ἐπανήκειν. καταλαβοῦσα οὖν καὶ τὸν πατέρα ἑστῶτα καὶ περιμένοντα ἐδείκνυεν αὐτῷ ἐκείνην τὴν ἐσθῆτα κἀμέ, οἷος ἥκοιμι, καί τι καὶ ὑπέμνησεν, οἷα μικροῦ δεῖν περὶ ἐμοῦ ἐβουλεύσατο. ταῦτα μέμνημαι ἰδὼν ἀντίπαις ἔτι ὤν, ἐμοὶ δοκεῖν, ἐκταραχθεὶς πρὸς τὸν τῶν πληγῶν φόβον.

17. Μεταξὺ δὲ λέγοντος, "Ἡράκλεις," ἔφη τις, "ὡς μακρὸν τὸ ἐνύπνιον καὶ δικανικόν." εἶτ' ἄλλος ὑπέκρουσε, "Χειμερινὸς ὄνειρος, ὅτε μήκισταί εἰσιν αἱ νύκτες, ἢ τάχα που τριέσπερος, ὥσπερ ὁ Ἡρακλῆς, καὶ αὐτός ἐστι. τί δ' οὖν ἐπῆλθεν αὐτῷ ληρῆσαι ταῦτα πρὸς ἡμᾶς καὶ μνησθῆναι παιδικῆς

kommende Formel. — τὰ ἑσπέρια, = τὴν ἑσπέραν. Ebenso Dial. mort. 12, 6: μικρὰ τὰ ἑσπέρια δόξας ἐπὶ τὴν ἕω ὥρμησα. Hermot. 25: ἡ μὲν γὰρ ἐπὶ τὰ ἑσπέρια, ἡ δὲ ἐπὶ τὴν ἕω φέρειν ἔοικεν. Vgl. IV, 5. — Τριπτόλεμος, Sohn des Keleos, Königs von Eleusis, und der Metaneira, erhielt von der Demeter, weil diese bei ihren Irrfahrten nach der von Pluton geraubten Tochter Persephone von seinen Eltern gastlich aufgenommen worden war, einen mit Drachen bespannten Wagen, auf dem er über die Erde hinfahren sollte, um die Menschen den Ackerbau zu lehren. Vgl. Ovid. Fast. 4, 507 ff. — καθ' οὓς γενοίμην, zu denen ich gelangte. Iterativer Optativ.
16. τὰ τοσαῦτα, Kr. Gr. §. 50, 4, 6. — καί τι καὶ ὑπέμνησεν, und gab ihm auch eine kleine. leise Erinnerung. Eunuch. 9: καί τι καὶ ἐτόλμα προςτιθέναι ὁ Βαγώας τοιοῦτον. Conv. 20: καί τι καὶ γελοῖον διηγήσατο. u. s. Dieses καί τις καί ist eine bei Thukydides häufige Verbindung. Kr. Gr. §. 69, 32, 20. — μικροῦ δεῖν, s.oben zu c. 5. — ἀντίπαις, s. oben zu c. 1. — ἐμοὶ δοκεῖν, nach meiner Meinung, oft so bei Luc. parenthetisch. Necyom. 10. Char. 11. Ver. hist. 1, 7. 31 u. ö. Vgl. Kr. Gr. §. 55, 1, 3. — πρὸς τὸν φόβον, in Rücksicht oder Bezug auf, wegen, zufolge. Toxar. 53: τοῦ δὲ πρὸς τὸ ἀνέλπιστον τοῦ θεάματος καταπλαγέντος. Pisc. 24: φιλοσοφίᾳ πρὸς τοὺς λόγους ἐπικλασθεῖσα. u. ö.
17. μεταξὺ δὲ λέγοντος, näml. ἐμοῦ, mitten in od. während meiner Rede. Vgl. II, 18, III, 8. IV, 6. Pisc. 6. De merc. cond. 29. 35 u. ö. — δικανικόν, in eigentlicher Bedeutung (prozessartig), in Bezug auf die beiden Frauen, und in übertragener (langweilig); vgl. Prom. 4. — τάχα που, ebenso Catapl. 4. Pseudol. 28. auch που τάχα Dial. deor. 6, 5. Jup. trag. 44. Pseudol. 24.

*νυκτὸς καὶ ὀνείρων παλαιῶν καὶ γεγηρακότων; ἕωλος γὰρ ἡ ψυχρολογία· μὴ ὀνείρων ὑποκριτάς τινας ἡμᾶς ὑπείληφεν;" Οὔκ, ὠγαθέ· οὐδὲ γὰρ ὁ Ξενοφῶν ποτε διηγούμενος τὸ ἐνύπνιον, ὡς ἐδόκει αὐτῷ καίεσθαι ἡ πατρῷα οἰκία καὶ τὰ ἄλλα, — ἴστε γὰρ — οὐχ ὑπόκρισιν τὴν ὄψιν οὐδ' ὡς φλυαρεῖν ἐγνωκὼς αὐτὰ διεξῄει, καὶ ταῦτα ἐν πολέμῳ καὶ ἀπογνώσει πραγμάτων, περιεστώτων πολεμίων, ἀλλά τι καὶ χρήσιμον εἶχεν ἡ διήγησις.* 18. *καὶ τοίνυν κἀγὼ τοῦτον τὸν ὄνειρον ὑμῖν* 18 *διηγησάμην ἐκείνου ἕνεκα, ὅπως οἱ νέοι πρὸς τὰ βελτίω τρέπωνται καὶ παιδείας ἔχωνται, καὶ μάλιστα, εἴ τις αὐτῶν ὑπὸ πενίας ἐθελοκακεῖ καὶ πρὸς τὰ ἥττω ἀποκλίνει φύσιν οὐκ ἀγεννῆ διαφθείρων. ἐπιρρωσθήσεται εὖ οἶδ' ὅτι κἀκεῖνος ἀκούσας τοῦ μύθου, ἱκανὸν ἑαυτῷ παράδειγμα ἐμὲ προστησάμενος, ἐννοῶν οἷος μὲν ὢν πρὸς τὰ κάλλιστα ὥρμησα καὶ παιδείας ἐπεθύμησα μηδὲν ἀποδειλιάσας πρὸς τὴν πενίαν τὴν τότε, οἷος δὲ πρὸς ὑμᾶς ἐπανελήλυθα, εἰ καὶ μηδὲν ἄλλο, οὐδενὸς γοῦν τῶν λιθογλύφων ἀδοξότερος.*

— παιδικῆς, in doppelsinniger Bedeutung. — μή, doch nicht, in directen Fragesätzen mit Indicat., wo man gewöhnl. eine verneinende Antwort erwartet; Dial. deor. 10, 1. Dial. meretr. 5, 3. Adv. indoct. 19. Tyranic. 10. — ὀνείρων ὑποκριτάς τινας, eine Art Traumdeuter; vgl. 15. — ὁ Ξενοφῶν, Xenoph. anab. 3, 1, 11: ἐπεὶ δ' ἀπορία ἦν, ἐλυπεῖτο μὲν σὺν τοῖς ἄλλοις καὶ οὐκ ἐδύνατο καθεύδειν. μικρὸν δ' ὕπνου λαχὼν εἶδεν ὄναρ. ἔδοξεν αὐτῷ βροντῆς γενομένης σκηπτὸς πεσεῖν εἰς τὴν πατρῴαν οἰκίαν καὶ ἐκ τούτου λάμπεσθαι πᾶσα. — καίεσθαι ἡ πατρῴα οἰκία habe ich nach Schmieders u. meiner Besserung beibehalten für das handschriftliche καὶ ἐν τῇ πατρῴᾳ οἰκίᾳ — οὐχ ὑπόκρ. Die Negation ist des Zwischensatzes und des Nachdrucks wegen wiederholt. Ebenso Aeschin. or. 3,

194: ἀλλ' οὐχὶ ὁ Κέφαλος, ὁ παλαιὸς ἐκεῖνος, ὁ δοκῶν δημωτικώτατος γεγονέναι, οὐχ οὕτως. Xen. anab. 3, 2, 25. Demosth. or. 9, 31. Vgl. Kr. Gr. §. 67, 11, 3. — ὑπόκρισιν, als Gegenstand der Deutung, in Bezug auf die obige Frage: μὴ ὄν. ὑποκριτάς τινας ὑπείληφεν; — καὶ ταῦτα, praesertim. — ἐν ἀπογνώσει πραγμάτων, in verzweifelter Lage. 18. ὅπως τρέπωνται, s. zu c. 4. — παιδείας ἔχωνται. ἔχεσθαί τινος, sich einer Sache befleissigen. — εὖ οἶδ' ὅτι, ganz gewiss, ohne Zweifel, parenthetisch oft so eingeschoben; vgl. IV, 1: ξεναγήσεις γὰρ εὖ οἶδ' ὅτι με ξυμπερινοστῶν u. ö.; auch οἶδ' ὅτι allein, Hermot. 30. Kr. Gr. §. 69, 48, 2. — οἷος μέν .. οἷος δέ, eindringliche Wiederholung, Anaphora.

## II.
## TIMON oder DER MENSCHENFEIND.

Dieser dramatische Dialog gehört zu den vorzüglichsten Erzeugnissen des Lucian und ist von ihm während seines Aufenthaltes in Athen geschrieben worden. Es ist derselbe, wie bereits Wieland bemerkt hat, ein Originalwerk in Erfindung, Composition, Zweck und Ausführung. Es lag Lucian, dem vermöge seiner Geistesrichtung nichts mehr beschäftigte als die Fehler und Gebrechen seiner Zeit zu geisseln und alle Ausartungen derselben in jeder Beziehung auf's schonungsloseste aufzudecken, bei seiner grossen Bekanntschaft und Vertrautheit, ja Wahlverwandtschaft mit der alten Komödie nichts näher als diesen schon von den alten Komikern mehrfach erwähnten und mit ihrem Witz gegeisselten Menschenfeind Timon als ein geeignetes Sujet für seine Satire sich zurecht zu machen und zu benutzen.

Leider sind der Nachrichten über ihn nur so gar wenige vorhanden, dass sich etwas Genaueres über ihn und sein Leben nicht sagen lässt. Dass er ein Athenäer und der Sohn eines gewissen Echekratides aus dem Demos Kollytos gewesen sei, erfahren wir aus Lucian selbst; desgleichen wissen wir, dass er zur Zeit des peloponnesischen Krieges als Zeitgenosse des Pericles, Alkibiades und Aristophanes gelebt. Schade, dass ein Stück des Antiphanes, eines Dichters der mittleren attischen Komödie, das den Titel *Τίμων* führt, verloren gegangen ist. Sicher würden wir, wenn dasselbe erhalten worden wäre, genauer über ihn unterrichtet sein. Was für ein Leben er geführt, geht aus den Worten des Komikers Phrynichos hervor. In einem Stücke desselben nämlich, *Μονότροπος* betitelt, sagt dieser *Μονότροπος* selbst:

ζῶ δὲ Τίμωνος βίον,
ἄγαμον, ἄδουλον, ὀξύθυμον, ἀπρόσοδον,]
ἀγέλαστον, ἀδιάλεκτον, ἰδιογνώμονα.!

Dass er ein sehr wohlhabender, ja reicher Mann gewesen, der es bei seinem Reichthum nicht an Freigebigkeit habe fehlen lassen, aber durch seine Freigebigkeit gegen Schmarotzer an den Bettelstab gebracht worden sei und für sein übel angebrachtes Wohlthun den schnödesten Undank erfahren, der ihn bis zum Hasse gegen das ganze Menschengeschlecht gebracht, wird in unserem Dialoge in Uebereinstimmung mit Plutarch. vit. Anton. c. 69 f. berichtet. Vielleicht ist daran etwas Wahres; indess hatte wahrscheinlich dieser sein Hass auch in der Sittenverderbniss der damaligen Zeit seinen Grund, von der uns gleichzeitige Schriftsteller so viele Belege geben. Eine Ausnahme machte er nur mit dem jungen Alkibiades, mit dem er umging, weil er in diesem den Verderber seiner ihm verhassten Mitbürger sah, und mit dem ihm gleich gesinnten Apemantos.

Dass Lucian nun diesen Menschenfeind Timon sich für seine Zwecke zurecht gemacht habe, ergiebt sich ausser Anderem schon daraus, dass er, nachdem sein Reichthum durch übel angebrachte Gutherzigkeit und Leichtsinn verloren gegangen, durch Zufall auf einmal wieder zu grossem Vermögen gelangt, und dieses nach langem Widerstreben endlich deswegen annimmt, um nun seine Verachtung gegen seine Mitmenschen, und unter diesen vorzugsweise gegen seine früheren Schmeichler, desto besser und recht augenfällig an den Tag legen zu können. Es kam dem Lucian darauf an, ihn in seiner Dichtung so zu benutzen, dass er die gleichzeitigen Rhetoren und Philosophen, ihre Schmarotzerei und ihr ganzes Thun und Treiben, nebst den Göttern so recht in ihrer Blösse darstellen konnte, um so den Betrogenen und sich noch betrügen Lassenden gehörig die Augen zu öffnen.

Der Verlauf des dramatischen Dialogs ist in der Kürze folgender: Timon durch Freigebigkeit und Verschwendung an den Bettelstab gebracht gräbt unter Verwünschungen gegen Zeus, der sich jetzt gar nicht mehr in seiner alten Herrlichkeit und Macht zeige, weit entfernt von Athen am Meeresstrande um kärglichen Tagelohn ein Stück steiniges Land. Zeus hört im Olympos sein Schreien und fragt den Hermes, wer der Schreier sei. Dieser gibt ihm darüber genauen Bericht, und Zeus in Folge desselben voll Mitleid mit ihm, dass er, der einst so reiche, sich jetzt in so drückender Armuth befinde, entsendet den Hermes, um den Plutos zu holen und so den Timon wieder reich machen zu lassen. Plutos erscheint nun mit dem Hermes, zeigt aber durchaus keine Bereitwilligkeit, wieder zu Timon zu gehen, nachdem er früher von ihm so schlecht behandelt worden sei. Endlich aber lässt er sich doch bestimmen, dem Befehle des Zeus nachzukommen, und geht mit Hermes ab. Im Gespräch mit einander fällt es dem Hermes plötzlich ein, dass sie ja den Thesauros nicht bei sich haben; Plutos erwiedert, derselbe werde auf seinen Ruf zur gehörigen Zeit schon erscheinen. Endlich treffen sie bei Timon ein, der fleissig darauf losarbeitet und mit seiner Lage durchaus zufrieden von ihnen ganz und gar nichts wissen will, zuletzt sich aber doch herbeilässt, den Plutos aufzunehmen und den beim Graben gefundenen Schatz aufzuheben, da er gegen den Willen der Götter doch nichts vermöge. Im Besitze des Schatzes beschliesst er trotzdem in seiner Einsamkeit zu verharren, allen Umgang mit der übrigen Welt zu meiden und dieser seine Verachtung in jeder Beziehung zu beweisen. Während er hierbei den Wunsch hegt, dass seine undankbaren ehemaligen Freunde erführen, wie reich er wieder geworden sei, findet sich auch schon eine Schaar von Schmeichlern, Heuchlern und Schmarotzern wieder bei ihm ein, um sich gegenseitig in Schmeichelei und Heuchelei zu überbieten, unter ihnen der Redner Demeas und der Philosoph Thrasykles, die aber sämmtlich mit Hohn, Schlägen und von einem Felsen herab mit Steinwürfen abgefertigt werden.

# II.
# ΤΙΜΩΝ Η ΜΙΣΑΝΘΡΩΠΟΣ.

ΤΙΜΩΝ, ΖΕΥΣ, ΕΡΜΗΣ, ΠΛΟΥΤΟΣ, ΠΕΝΙΑ, ΓΝΑΘΩΝΙΔΗΣ, ΦΙΛΙΑΔΗΣ, ΔΗΜΕΑΣ, ΘΡΑΣΥΚΛΗΣ.

1. ΤΙΜ. Ὦ Ζεῦ φίλιε καὶ ξένιε καὶ ἑταιρεῖε καὶ ἐφέστιε 1 καὶ ἀστεροπητὰ καὶ ὅρκιε καὶ νεφεληγερέτα καὶ ἐρίγδουπε καὶ εἴ τί σε ἄλλο οἱ ἐμβρόντητοι ποιηταὶ καλοῦσι, καὶ μάλιστα ὅταν ἀπορῶσι πρὸς τὰ μέτρα, — τότε γὰρ αὐτοῖς πολυώνυμος γινόμενος ὑπερείδεις τὸ πίπτον τοῦ μέτρου καὶ ἀναπληροῖς τὸ κεχηνὸς τοῦ ῥυθμοῦ — ποῦ σοι νῦν ἡ ἐρισμάραγος ἀστραπὴ καὶ ἡ βαρύβρομος βροντὴ καὶ ὁ αἰθαλόεις καὶ ἀργήεις καὶ σμερδαλέος κεραυνός; ἅπαντα γὰρ ταῦτα λῆρος ἤδη ἀναπέφηνε καὶ καπνὸς ἀτεχνῶς ποιητικὸς ἔξω τοῦ πατάγου τῶν ὀνομάτων. τὸ δὲ ἀοίδιμόν σοι καὶ ἑκηβόλον ὅπλον καὶ πρόχειρον οὐκ οἶδ᾽ ὅπως τελέως ἀπέσβη καὶ ψυχρόν ἐστι μηδὲ ὀλίγον σπινθῆρα ὀργῆς κατὰ τῶν ἀδικούντων διαφυλάττον. 2. θᾶτ- 2 τον γοῦν τῶν ἐπιορκεῖν τις ἐπιχειρούντων ἕωλον θρυαλλίδα φοβηθείη ἂν ἢ τὴν τοῦ πανδαμάτορος κεραυνοῦ φλόγα· οὕτω δαλόν τινα ἐπανατείνεσθαι δοκεῖς αὐτοῖς, ὡς πῦρ μὲν ἢ καπνὸν ἀπ᾽ αὐτοῦ μὴ δεδιέναι, μόνον δὲ τοῦτο οἴεσθαι ἀπολαύειν τοῦ τραύματος, ὅτι ἀναπλησθήσονται τῆς ἀσβόλου. ὥστε

---

1. ἑταιρεῖε, Schützer der Genossenschaften oder Verbrüderungen. Diesen Beinamen hat Zeus nicht selten. Es sind diese Beiwörter sämmtlich aus Homeros und andern Dichtern entlehnt, um diese mit zu verspotten. — ἐφέστιε, Schützer des Heerdes und Hauses. — καὶ εἴ τί σε ἄλλο.. καλοῦσι, und wie dich sonst noch benennen. Vgl. Bacch. 2: τοῦτο καλεῖσθαι αὐτῶν τὸν δεσπότην. Conviv. 19. Ver.

hist. 1, 36 u. ö. Kr. Gr. §. 40, 13. — ἐμβρόντητοι, attoniti, doppelsinnig. — τὸ πίπτον, den Einsturz. — τὸ κεχηνός, die Lükke. Vgl. hiermit Aristoph. ran. 1178. — ἀτεχνῶς, ganz und gar, durchaus. — ἔξω, ausgenommen, so oft bei Luc.

2. ἕωλον, halb verloschen. — πανδαμάτορος, auch ein poetisches Wort. — ἀπολαύειν, man könnte den Infin. fut. ἀπολαύσειν erwarten; aber wir möchten diese

ἤδη διὰ ταῦτά σοι καὶ ὁ Σαλμωνεὺς ἀντιβροντᾶν ἐτόλμα, οὐ πάνυ τι ἀπίθανος ὤν, πρὸς οὕτω ψυχρὸν τὴν ὀργὴν Δία θερμουργὸς ἀνὴρ μεγαλαυχούμενος. πῶς γάρ; ὅπου γε καθάπερ ὑπὸ μανδραγόρα καθεύδεις, ὃς οὔτε τῶν ἐπιορκούντων ἀκούεις οὔτε τοὺς ἀδικοῦντας ἐπισκοπεῖς, λημᾷς δὲ καὶ ἀμβλυώττεις πρὸς τὰ γινόμενα καὶ τὰ ὦτα ἐκκεκώφησαι καθάπερ οἱ παρηβηκότες· 3. ἐπεὶ νέος γε ἔτι καὶ ὀξύθυμος ὢν καὶ ἀκμαῖος τὴν ὀργὴν πολλὰ κατὰ τῶν ἀδίκων καὶ βιαίων ἐποίεις καὶ οὐδέποτε ἦγες τότε πρὸς αὐτοὺς ἐκεχειρίαν, ἀλλ' ἀεὶ ἐνεργὸς πάντως ὁ κεραυνὸς ἦν καὶ ἡ αἰγὶς ἐπεσείετο καὶ ἡ βροντὴ ἐπαταγεῖτο καὶ ἡ ἀστραπὴ συνεχὲς ὥσπερ εἰς ἀκροβολισμὸν προηκοντίζετο· οἱ σεισμοὶ δὲ κοσκινηδὸν καὶ ἡ χιὼν σωρηδὸν καὶ ἡ χάλαζα πετρηδόν· καὶ ἵνα σοι φορτικῶς διαλέγωμαι, ὑετοί τε ῥαγδαῖοι καὶ βίαιοι, ποταμὸς ἑκάστη σταγών· ὥστε τηλικαύτη ἐν ἀκαρεῖ χρόνου ναυαγία ἐπὶ τοῦ Δευκαλίωνος ἐγένετο, ὡς ὑποβρυχίων ἁπάντων καταδεδυκότων μόγις ἕν τι κιβώτιον περισωθῆναι προσοκεῖλαν τῷ Λυκωρεῖ ζώπυρόν τι τοῦ ἀνθρωπίνου σπέρματος διαφυλάττον εἰς ἐπιγονὴν κακίας μείζονος.

---

Form nicht hineinkorrigiren. ἀπολαύειν hier wie oft im übeln Sinne. Vgl. Nigr. 30. — ὁ Σαλμωνεύς, jener Salm.; Sohn des Aeolos und der Enarete, verlangte für den Zeus gehalten zu werden, indem er Donner und Blitz nachahmte und Opfer forderte, wofür ihn jener mit einem Blitz in den Tartaros hinabschleuderte. Virg. Aen. 5, 585—504. — οὐ πάνυ τι, ganz und gar nicht, eine bei Luc. sehr gewöhnliche Formel. τί ist Accusat. der Beziehung. — ἀπίθανος, unglaublich, von einer Person, der man keinen Glauben schenkt. — ψυχρὸν τὴν ὀργήν, vgl. c. 3: ἀκμαῖος τὴν ὀργήν. — πῶς γάρ; wir: denn wie sollte das nicht so sein? wie wäre das anders möglich? — ὅπου γε, da ja, quum quidem. — ὑπὸ μανδραγόρα, in Folge genossenen Alrauns. Sprichwörtliche Redensart.
3. ἐπεί, im Deutschen: denn. —ἐπαταγεῖτο, dröhnte, rollte. Später Gebrauch; bei Aristoph.
nub. 389 das Activum: χὥσπερ βροντῇ τὸ ζωμίδιον παταγεῖ. Bei Luc. des Syr. 50 das Act. in trans. Bedeutung. — οἱ σεισμοὶ κοσκινηδόν, die Erderschütterungen waren so häufig, wie wenn man ein Sieb schüttelt. Die Advv. κοσκ., σωρ. und πετρ. haben einen komischen Anstrich; vgl. De conscr. hist. 19: δράκοντες εἰληδὸν καὶ βοστρυχηδόν. — φορτικῶς, derb. — ὑετοί τε κτέ. Diese Worte sind jedenfalls aus einem Dichter, vielleicht einem tragischen, entlehnt; daher die Partikel τέ. — ἐν ἀκαρεῖ χρόνου, im Augenblick, im Nu; ἐν ἀκαρεῖ τοῦ χρόνου unten c. 23. IV, 14. Epist. Sat. 35. ἐν ἀκαρεῖ allein Scyth. 8. De morte Peregr. 21. Jup. conf. 8. ἐν ἀκαρεῖ χρόνῳ Aristoph. Pl. 244. — ἐπὶ τοῦ Δ., zur Zeit des D. — ἕν τι, irgend ein, una aliqua cymbula. — προσοκεῖλαν, hier intr. anlandend, anfahrend. — τῷ Λυκωρεῖ. Λυκωρεύς ein Hauptgipfel des Parnasses.

4. τοιγάρτοι ἀκόλουθα τῆς ῥαθυμίας τἀπίχειρα κομίζῃ παρ' αὐτῶν, οὔτε θύοντος ἔτι σοί τινος οὔτε στεφανοῦντος, εἰ μή τις ἄρα πάρεργον Ὀλυμπίων, καὶ οὗτος οὐ πάνυ ἀναγκαῖα ποιεῖν δοκῶν, ἀλλ' εἰς ἔθος τι ἀρχαῖον συντελῶν· καὶ μετ' ὀλίγον Κρόνον σε, ὦ θεῶν γενναιότατε, ἀποφανοῦσι παρωσάμενοι τῆς τιμῆς. ἐῶ λέγειν, ποσάκις ἤδη σου τὸν νεὼν σεσυλήκασιν· οἱ δὲ καὶ αὐτῷ σοι τὰς χεῖρας Ὀλυμπίασιν ἐπιβεβλήκασι, καὶ σὺ ὁ ὑψιβρεμέτης ὤκνησας ἢ ἀναστῆσαι τοὺς κύνας ἢ τοὺς γείτονας ἐπικαλέσασθαι, ὡς βοηδρομήσαντες αὐτοὺς συλλάβοιεν ἔτι συσκευαζομένους πρὸς τὴν φυγήν· ἀλλ' ὁ γενναῖος καὶ Γιγαντολέτωρ καὶ Τιτανοκράτωρ ἐκάθησο τοὺς πλοκάμους περικειρόμενος ὑπ' αὐτῶν, δεκάπηχυν κεραυνὸν ἔχων ἐν τῇ δεξιᾷ. ταῦτα τοίνυν, ὦ θαυμάσιε, πηνίκα παύσεται οὕτως ἀμελῶς παρορώμενα; ἢ πότε κολάσεις τὴν τοσαύτην ἀδικίαν; πόσοι Φαέθοντες ἢ Δευκαλίωνες ἱκανοὶ πρὸς οὕτως ὑπέραντλον ὕβριν τοῦ βίου; 5. ἵνα γὰρ τὰ κοινὰ ἐάσας τἀμὰ εἴπω, τοσούτους Ἀθηναίων εἰς ὕψος ἄρας καὶ πλουσίους ἐκ πενεστάτων ἀποφήνας καὶ πᾶσι τοῖς δεομένοις ἐπικουρήσας, μᾶλλον δὲ ἀθρόον εἰς εὐεργεσίαν τῶν φίλων ἐκχέας τὸν πλοῦ-

---

4. τοιγάρτοι, dieses schliesst an das Ende des §. 2 an. — στεφανοῦντος, nämlich σὲ — εἰ μὴ ἄρα, wenn nicht etwa. Ebenso εἰ μή τις ἄρα Pseudol. 3. vgl. IV, 11. Parasit. 1. — πάρεργον Ὀλυμπίων, d. i. als Zugabe bei den olymp. Spielen; näml. θύει ἢ στεφανοῖ. Vgl. De sacrif. 11. Herod. 6. — εἰς ἔθος τι ἀρχαῖον, nach einem alten Brauche. Catapl. 20. Ebenso ἐς τἀρχαῖον Aristoph. nub.593. ἐς τὸ ἀρχαῖον Luc. Saturn. 9. — Κρόνον, der von seinem Sohne Zeus der Herrschaft beraubt wurde; 'sie werden einen zweiten Kr. aus dir machen.'
— οἱ δέ, manche aber, ohne vorhergehendes οἱ μέν. — τοὺς κύνας, welche den Tempel bewachen. — ἀλλ', ja. — τοὺς πλοκ. περικειρόμενος, dir rings die Haare abscheeren lassend; diese waren von Gold. Vgl. Jup. trag. 25. — κολάσεις. Diese active Futurform findet sich schon in der alten Zeit. — πόσοι Φαέθοντες, d. i. wie viele Verbrennungen durch den Blitzstrahl. Phaethon, der Sohn des Helios und der Klymene, verlangte von seinem Vater zum Beweis, dass er sein Sohn sei, einen Tag den Sonnenwagen zu lenken. Trotz aller Vorstellungen dagegen musste derselbe, der ihm gelobt hatte das zu gewähren, was er verlange, sich dazu verstehen. Phaethon konnte aber die Sonnenrosse nicht bändigen, und setzte in Folge dessen die Erde in grosse Gefahr. Zeus sah sich daher genöthigt den Phaethon durch einen Blitzstrahl zu tödten. — ὑπέραντλον, eigtl. von einem Schiffe, das so von eindringendem Wasser voll ist, dass kein Ausschöpfen mehr hilft; hier übertragen: bodenlos. — τοῦ βίου, der Lebenden, Menschen. Vit. auct. 8.
5. μᾶλλον δέ, oder vielmehr, imo, atque adeo (Zumpt. §. 737.).

τον, ἐπειδὴ πένης διὰ ταῦτα ἐγενόμην, οὐκέτι οὐδὲ γνωρίζομαι πρὸς αὐτῶν οὐδὲ προσβλέπουσιν οἱ τέως ὑποπτήσσοντες καὶ προσκυνοῦντες κἀκ τοῦ ἐμοῦ νεύματος ἀπηρτημένοι, ἀλλ' ἤν που καὶ ὁδῷ βαδίζων ἐντύχω τινὶ αὐτῶν, ὥσπερ τινὰ στήλην παλαιοῦ νεκροῦ ὑπτίαν ὑπὸ τοῦ χρόνου ἀνατετραμμένην παρέρχονται μηδὲ ἀναγνόντες, οἱ δὲ καὶ πόρρωθεν ἰδόντες ἑτέραν ἐκτρέπονται δυσάντητον καὶ ἀποτρόπαιον θέαμα ὄψεσθαι ὑπολαμβάνοντες τὸν οὐ πρὸ πολλοῦ σωτῆρα καὶ εὐεργέτην αὐτῶν γεγενημένον. 6. ὥστε ὑπὸ τῶν κακῶν ἐπὶ ταύτην τὴν ἐσχατιὰν τραπόμενος ἐναψάμενος διφθέραν ἐργάζομαι τὴν γῆν ὑπόμισθος ὀβολῶν τεττάρων, τῇ ἐρημίᾳ καὶ τῇ δικέλλῃ προσφιλοσοφῶν. ἐνταῦθα τοῦτο γοῦν μοι δοκῶ κερδανεῖν, μηκέτι ὄψεσθαι πολλοὺς παρὰ τὴν ἀξίαν εὖ πράττοντας· ἀνιαρότατον γὰρ τοῦτό γε. ἤδη ποτὲ οὖν, ὦ Κρόνου καὶ Ῥέας υἱέ, τὸν βαθὺν τοῦτον ὕπνον ἀποσεισάμενος καὶ νήδυμον — ὑπὲρ τὸν Ἐπιμενίδην γὰρ κεκοίμησαι — καὶ ἀναρριπίσας τὸν κεραυνὸν ἢ ἐκ τῆς Οἴτης ἐναυσάμενος μεγάλην ποιήσας τὴν φλόγα, ἐπιδείξαιό τινα χολὴν ἀνδρώδους καὶ νεανικοῦ Διός, εἰ μὴ ἀληθῆ ἐστι τὰ ὑπὸ Κρητῶν περὶ σοῦ καὶ τῆς ἐκεῖ ταφῆς μυθολογούμενα.

Eine ἐπιδιόρθωσις oder ἐπανόρθωσις. Vgl. c. 40. — οὐκέτι οὐδέ. Ver. hist. 1, 6: καὶ οὐκέτ' οὐδὲ στεῖλαι τὴν ὀθόνην δυνατὸν ἦν. — ὁδῷ βαδίζων, d. i. unterwegs. Eine bei Luc. gewöhnl. Redensart. καί auch, obschon es nicht oft der Fall ist. — ὑπτίαν .. ἀνατετραμμένην, s. v. a. ἀνατετραμμένην ὥστε ὑπτίαν εἶναι. IV, 3: ὁπόταν τὸ πνεῦμα καταιγίσαν πλαγίᾳ τῇ ὀθόνῃ ἐμπέσῃ. Das Adjectiv drückt erst die Folge der Handlung aus (proleptisch); Kr. Gr. §. 57, 4, 2. — ἑτέραν, näml. ὁδόν.

6. ὑπόμισθος ὀβολῶν τεττάρων, um einen Tagelohn von vier Obolen. — μηκέτι ὄψεσθαι κτέ., Epexegese zum vorhergehenden τοῦτο. — παρὰ τὴν ἀξίαν, gegen ihr Verdienst, praeter meritum; vgl. Prom. 2. — τοῦτον, hinzeigend. So οὗτος oft zwischen dem Artikel und seinem Nomen,

wenn auf den Artikel noch ein Attribut folgt. Kr. Gr. §. 50, 11, 20. 51, 7, 7. Vgl. c. 35. 48. III, 4. 18. IV, 24. — ὑπὲρ τὸν Ἐπιμενίδην, d. i. länger als Epimenides. Vom Epimenides, einem Dichter und Seher aus Kreta, erzählt man, dass er, als er ermüdet sich in einer Höhle niedergelegt hatte, in einen Schlaf von 40, nach Andern von 50 oder 57 Jahren gefallen sei. — Οἴτης, Gebirge des südlichen Thessalien, wo Herakles vermittelst eines Scheiterhaufens sich verbrannt hatte. Zur Vertheidigung des handschriftlichen Οἴτης, wofür man Αἴτνης vorgeschlagen, lässt sich vielleicht anführen Soph. Trach. 436:

μή, πρός σε τοῦ κατ' ἄκρον
Οἰταῖον νάπος
Διὸς καταστράπτοντος, ἐκκλέψῃς λόγον.

— ἐπιδείξαιο, gemilderter Imperativ; s. Kr. Gr. §. 54, 3, 1. — τὰ

# ΤΙΜΩΝ. [II.]

**7. ΖΕΤΣ.** Τίς ούτός έστιν, ώ Έρμη, ό κεκραγώς έκ της Ἀττικῆς παρὰ τὸν Ὑμηττὸν ἐν τῇ ὑπωρείᾳ, πιναρὸς ὅλος καὶ αὐχμῶν καὶ ὑποδίφθερος; σκάπτει δὲ οἶμαι ἐπικεκυφώς· λάλος ἄνθρωπος καὶ θρασύς. ἢ που φιλόσοφός ἐστιν· οὐ γὰρ ἂν οὕτως ἀσεβεῖς τοὺς λόγους διεξῄει καθ' ἡμῶν.

**ΕΡΜ.** Τί φῄς, ὦ πάτερ; ἀγνοεῖς Τίμωνα τὸν Ἐχεκρατίδου τὸν Κολλυτέα; οὗτός ἐστιν ὁ πολλάκις ἡμᾶς καθ' ἱερῶν τελείων ἑστιάσας, ὁ νεόπλουτος, ὁ τὰς ὅλας ἑκατόμβας, παρ' ᾧ λαμπρῶς ἑορτάζειν εἰώθειμεν τὰ Διάσια.

**ΖΕΤΣ.** Φεῦ τῆς ἀλλαγῆς· ὁ καλὸς ἐκεῖνος, ὁ πλούσιος, περὶ ὃν οἱ τοσοῦτοι φίλοι; τί παθὼν τοιοῦτός ἐστιν; αὐχμηρός, ἄθλιος καὶ σκαπανεὺς καὶ μισθωτός, ὡς ἔοικεν, οὕτω βαρεῖαν καταφέρων τὴν δίκελλαν.

**8. ΕΡΜ.** Οὑτωσὶ μὲν εἰπεῖν, χρηστότης ἐπέτριψεν αὐτὸν καὶ φιλανθρωπία καὶ ὁ πρὸς τοὺς δεομένους ἅπαντας οἶκτος, ὡς δὲ ἀληθεῖ λόγῳ, ἄνοια καὶ εὐήθεια καὶ ἀκρισία περὶ τῶν φίλων, ὃς οὐ συνίει κόραξι καὶ λύκοις χαριζόμενος, ἀλλ' ὑπὸ γυπῶν τοσούτων ὁ κακοδαίμων κειρόμενος τὸ ἧπαρ φίλους εἶναι αὐτοὺς καὶ ἑταίρους ᾤετο, ὑπ' εὐνοίας τῆς πρὸς αὐτὸν χαί-

---

... μυθολογούμενα. Nach einer Sage der Kreter lag Zeus in der Nähe der Stadt Knosos begraben. Vgl. Jup. tr. 45. De sacrif. 10.

**7.** ΖΕΤΣ, im Olymp zu denken. — Ὑμηττόν, Gebirge in Attika. — ἢ που, sicherlich wol. Beachte die Ironie. — οὐ γὰρ ἂν κτέ., nämi. εἰ μὴ φιλόσοφος ἦν. Vgl. c. 24. — οὕτως ἀσ. τοὺς λόγους διεξῄει, d. i. οὐ γὰρ ἂν οἱ λόγοι, οὓς διέξεισι, οὕτως ἀσεβεῖς ἦσαν. — Κολλυτέα. Κολλυτός war ein Demos der Phyle Aegeis. — καθ' ἱερῶν τελείων ἑστιάσας, der mit vollkommenen Opfern uns bewirthet hat. Eine Redeweise, die so nicht wieder vorkommt; vgl. hiermit Philops. 21: ἀγανακτεῖ, ἢν μὴ ἐφ' ἱερῶν τελείων ἑσταθῇ. Sonst sagt man καθ' ἱερῶν ὀμόσαι, καθ' ἑκατόμβης εὔχεσθαι. ἱερὰ τέλεια entsprechend dem homerischen τελήεσσαι ἑκατόμβαι. — ὁ νεόπλουτος, der eben noch reiche. Sonst bedeutet das Wort: 'der eben erst reich geworden.' — ὁ τὰς ὅλας ἑκατόμβας, der mit den ganzen Hekatomben. Eine elliptische, aber erst bei Späteren vorkommende Ausdrucksweise; ebenso IV, 14: ὁ τὸ διάδημα. Dial. mort. 10. 4: ὁ δὲ τὴν πορφυρίδα οὑτοσὶ καὶ τὸ διάδημα und sonst sehr oft. — τὰ Διάσια, ein grosses Fest zu Athen, das dem Ζεὺς μειλίχιος zu Ehren im Monat Anthesterion gefeiert wurde. — φεῦ τῆς ἀλλαγῆς, häufiger Genetiv des Ausrufs bei Interjectionen; vgl. c. 45. 48.

**8.** οὑτωσὶ μὲν εἰπεῖν, so zu sagen, wenn man so sagen wollte, man könnte sagen, Gegens. ὡς δὲ ἀληθεῖ λόγῳ, nämi. εἰπεῖν, s. Kr. Gr. §. 55, 1, 2. 3. Ebenso οὑτωσὶ μὲν ἁπλῶς ἀκοῦσαι Abdicat. 26. — ὃς οὐ συνίει .. χαριζόμενος, der nicht einsah, dass er; vgl. Prom. 6. — τὸ ἧπαρ. Auf welche Fabel wird

ροντας τῇ βορᾷ· οἱ δὲ τὰ ὀστᾶ γυμνώσαντες ἀκριβῶς καὶ περιτραγόντες, εἰ δέ τις καὶ μυελὸς ἐνῆν, ἐκμυζήσαντες καὶ τοῦτον εὖ μάλα ἐπιμελῶς, ᾤχοντο αὖον αὐτὸν καὶ τὰς ῥίζας ὑποτετμημένον ἀπολιπόντες, οὐδὲ γνωρίζοντες ἔτι οὐδὲ προσβλέποντες — πόθεν γάρ; — ἢ ἐπικουροῦντες ἢ ἐπιδιδόντες ἐν τῷ μέρει. διὰ ταῦτα δικελλίτης καὶ διφθερίας, ὡς ὁρᾷς, ἀπολιπὼν ὑπ' αἰσχύνης τὸ ἄστυ μισθοῦ γεωργεῖ μελαγχολῶν τοῖς κακοῖς, ὅτι οἱ πλουτοῦντες παρ' αὐτοῦ μάλα ὑπεροπτικῶς παρέρχονται οὐδὲ τοὔνομα, εἰ Τίμων καλοῖτο, εἰδότες.

9. ΖΕΥΣ. Καὶ μὴν οὐ παροπτέος ἀνὴρ οὐδὲ ἀμελητέος· εἰκότως γὰρ ἠγανάκτει δυστυχῶν· ἐπεὶ καὶ ὅμοια ποιήσομεν τοῖς καταράτοις κόλαξιν ἐκείνοις ἐπιλελησμένοι ἀνδρὸς τοσαῦτα μηρία ταύρων τε καὶ αἰγῶν πιότατα καύσαντος ἡμῖν ἐπὶ τῶν βωμῶν· ἔτι γοῦν ἐν ταῖς ῥισὶ τὴν κνῖσαν αὐτῶν ἔχω. πλὴν ὑπ' ἀσχολίας τε καὶ θορύβου πολλοῦ τῶν ἐπιορκούντων καὶ βιαζομένων καὶ ἁρπαζόντων, ἔτι δὲ καὶ φόβου τοῦ παρὰ τῶν ἱεροσυλούντων — πολλοὶ γὰρ οὗτοι καὶ δυσφύλακτοι καὶ οὐδὲ ἐπ' ὀλίγον καταμύσαι ἡμῖν ἐφιᾶσι — πολὺν ἤδη χρόνον οὐδὲ ἀπέβλεψα ἐς τὴν Ἀττικήν, καὶ μάλιστα ἐξ οὗ φιλοσοφία καὶ λόγων ἔριδες ἐπεπόλασαν αὐτοῖς· μαχομένων γὰρ πρὸς ἀλλήλους καὶ κεκραγότων οὐδὲ ἐπακούειν ἔστι τῶν εὐχῶν· ὥστε ἢ ἐπιβυσάμενον χρὴ τὰ ὦτα καθῆσθαι ἢ ἐπιτριβῆναι πρὸς αὐ-

hier angespielt? — πόθεν γάρ; Nachdrückliche Verneinung, woher sollte das kommen? wie wäre das möglich? Vgl. III, 12. Pseudol. 2. 13. — ἐν τῷ μέρει, an ihrer Reihe, ihrerseits, d. i. hier : die Reihe wäre an ihnen gewesen zu helfen. — μισθοῦ, für Tagelohn. — μελαγχολῶν τοῖς κακοῖς, Gift und Galle über sein Unglück speiend. — εἰ, ob.

9. καὶ μήν, at vero, atqui. — ἠγανάκτει δυστυχῶν. Dial. mort. 27, 3: ἠγανάκτει πεζὸς βαδίζων. IV, 2. u. ö. — ἐπεί, sonst, alioqui, schliesst an ἀμελητέος an; Dial. mort. 10, 7: ὥστε ἀπόδυθι αὐτάς, ἐπεὶ καταδύσεις τὸ σκάφος τὸν ἕτερον πόδα ὑπερθεὶς μόνον. Vgl. De conscr. hist. 38.

44. Jup. tr. 43. Rhet. praec. 3. — πλήν, indess, jedoch; ebenso c. 10 z. E.; gewöhnlicher bei Luc. πλὴν ἀλλά. — φόβου, hängt noch von ὑπό ab. φόβος ὁ παρὰ τῶν ἱεροσυλούντων, Furcht, welche von den Tempelräubern ausgeht, welche die T. einflössen. Gewöhnlicher in dieser Verbindung ist ἀπό, auch ἐκ. — ἐπ' ὀλίγον, auf kurze Zeit. Gewöhnlicher πρὸς ὀλίγον. — ἐξ οὗ, seitdem. — λόγων ἔριδες, Wortzänkereien. — αὑτοῖς, zu beziehen auf ἐς τὴν Ἀττικήν. Synesis. Gerade so Nigrin. z. A. — ἐπιπολάζειν, obenaufschwimmen, überhand nehmen. — μαχομένων, näml. αὑτῶν. — πρὸς αὑτῶν, s. zu c. 25. — ἀρετήν τινα, virtutem nescio quam, verächtlich. Es wird damit auf die Stoiker angespielt.

τῶν, ἀρετήν τινα καὶ ἀσώματα καὶ λήρους μεγάλῃ τῇ φωνῇ ξυνειρόντων. διὰ ταῦτά τοι καὶ τοῦτον ἀμεληθῆναι ξυνέβη πρὸς ἡμῶν οὐ φαῦλον ὄντα. 10. ὅμως δὲ τὸν Πλοῦτον, ὦ Ἑρμῆ, παραλαβὼν ἄπιθι παρ' αὐτὸν κατὰ τάχος· ἀγέτω δὲ ὁ Πλοῦτος καὶ τὸν Θησαυρὸν μεθ' αὑτοῦ καὶ μενέτωσαν ἄμφω παρὰ τῷ Τίμωνι μηδὲ ἀπαλλαττέσθωσαν οὕτω ῥᾳδίως, κἂν ὅτι μάλιστα ὑπὸ χρηστότητος αὖθις ἐκδιώκῃ αὐτοὺς τῆς οἰκίας. περὶ δὲ τῶν κολάκων ἐκείνων καὶ τῆς ἀχαριστίας, ἣν ἐπεδείξαντο πρὸς αὐτόν, καὶ αὖθις μὲν σκέψομαι καὶ δίκην δώσουσιν, ἐπειδὰν τὸν κεραυνὸν ἐπισκευάσω· κατεαγμέναι γὰρ αὐτοῦ καὶ ἀπεστομωμέναι εἰσὶ δύο ἀκτῖνες αἱ μέγισται, ὁπότε φιλοτιμότερον ἠκόντισα πρῴην ἐπὶ τὸν σοφιστὴν Ἀναξαγόραν, ὃς ἔπειθε τοὺς ὁμιλητὰς μηδὲ ὅλως εἶναί τινας ἡμᾶς τοὺς θεούς. ἀλλ' ἐκείνου μὲν διήμαρτον, — ὑπερέσχε γὰρ αὐτοῦ τὴν χεῖρα Περικλῆς — ὁ δὲ κεραυνὸς εἰς τὸ Ἀνακεῖον παρασκήψας ἐκεῖνό τε κατέφλεξε καὶ αὐτὸς ὀλίγου δεῖν συνετρίβη περὶ τῇ πέτρᾳ. πλὴν ἱκανὴ ἐν τοσούτῳ καὶ αὕτη τιμωρία ἔσται αὐτοῖς[, εἰ] ὑπερπλουτοῦντα τὸν Τίμωνα ὁρῶσιν.

11. *ΕΡΜ.* Οἷον ἦν τὸ μέγα κεκραγέναι καὶ ὀχληρὸν εἶναι καὶ θρασύν. οὐ τοῖς δικαιολογοῦσι μόνοις, ἀλλὰ καὶ τοῖς εὐ-

— ἀσώματα, Atome. — καὶ λήρους, καὶ denique, ut verbo dicam. Vit. auct. 11: οὐ γάρ σοι δεήσει παιδείας καὶ λόγων καὶ λήρων. — ξυνείρειν τι, in Einem fort schwatzen über etwas.
10. κατὰ τάχος, in Eile, eilig. So κατά häufig zur Umschreibung des Adverbiums, c. 57. κατὰ σπουδήν c. 18. — ὅτι μάλιστα. ὅτι, ὡς, ᾗ und οἷος mit dem Superl. das Lat. quam. — αὖθις μέν, später. Gegens. zu Ende des c. in den Worten πλὴν ἱκανὴ κτέ. — ἐπισκευάσω. Welches Tempus ist im Latein. entsprechend? — κατεαγμέναι. Bei einem att. Schriftsteller würde es heissen κατεάγασι. — φιλοτιμότερον, näml. als es recht war. — Ἀναξαγόραν. Dieser berühmte Philosoph, geboren zu Klazomenae, lebte lange Zeit in Athen, wo er des Atheismus angeklagt nur durch Verwendung des Perikles davon kam. — ἔπειθε, zu bereden ver-
suchte. — ὑπερέσχε αὐτοῦ τὴν χεῖρα. Diese Redensart wird gewöhnlich von den Göttern gebraucht und hier passend auf den Perikles, den allgewaltigen Staatsmann seiner Zeit, angewendet. — Ἀνακεῖον. Der Tempel der Dioskuren (Ἄνακες). Wahrscheinlich wird hier auf eine wirkliche Begebenheit angespielt. — ὀλίγου δεῖν. S. zu I, 6. — περὶ τῇ πέτρᾳ, an dem Felsen. So sonst nicht in att. Prosa. — ἐν τοσούτῳ, inzwischen. IV, 14. Pisc. 21. Alex. 51. Conviv. 15 u. ö. — ἱκανή . . αὕτη τιμωρία. Welches Wort ist hier das Subject? Kr. Gr. §. 61, 7. IV, 3: ἱκανὴν ταύτην κλίμακα ἕξειν οἰομένους. Dial. deor. 5, 3: παιδεραστῶν οὗτοι λόγοι. u. ö.
11. οἷον ἦν, s. v. a. οἷον ἦν ἀγαθόν. Navig. 44: οἷον δὲ κἀκεῖνο ἦν, τοὺς πολεμοῦντας ἐπισκοπεῖν. — τοῖς δικαιολογοῦσι, den Advocaten, Sachwal-

χομένοις τοῦτο χρήσιμον· ἰδού γέ τοι αὐτίκα μάλα πλούσιος ἐκ πενεστάτου καταστήσεται ὁ Τίμων βοήσας καὶ παρρησιασάμενος ἐν τῇ εὐχῇ καὶ ἐπιστρέψας τὸν Δία· εἰ δὲ σιωπῇ ἔσκαπτεν ἐπικεκυφώς, ἔτι ἂν ἔσκαπτεν ἀμελούμενος.

ΠΛΟΥΤ. Ἀλλ' ἐγὼ οὐκ ἂν ἀπέλθοιμι, ὦ Ζεῦ, παρ' αὐτόν.

ΖΕΥΣ. Διὰ τί, ὦ ἄριστε Πλοῦτε, καὶ ταῦτα ἐμοῦ κελεύσαντος;

12. ΠΛΟΥΤ. Ὅτι νὴ Δία ὕβριζεν εἰς ἐμὲ καὶ ἐξεφόρει καὶ ἐς πολλὰ κατεμέριζε καὶ ταῦτα πατρῷον αὐτῷ φίλον ὄντα, καὶ μόνον οὐχὶ δικράνοις ἐξεώθει με τῆς οἰκίας καθάπερ οἱ τὸ πῦρ ἐκ τῶν χειρῶν ἀπορριπτοῦντες. αὖθις οὖν ἀπέλθω παρασίτοις καὶ κόλαξι καὶ ἑταίραις παραδοθησόμενος; ἐπ' ἐκείνους, ὦ Ζεῦ, πέμπε με τοὺς αἰσθησομένους τῆς δωρεᾶς, τοὺς περιέψοντας, οἷς τίμιος ἐγὼ καὶ περιπόθητος· οὗτοι δὲ οἱ λάροι τῇ πενίᾳ ξυνέστωσαν, ἣν προτιμῶσιν ἡμῶν, καὶ διφθέραν παρ' αὐτῆς λαβόντες καὶ δίκελλαν ἀγαπάτωσαν ἄθλιοι τέτταρας ὀβολοὺς ἀποφέροντες, οἱ δεκαταλάντους δωρεὰς ἀμελητὶ προϊέμενοι.

13. ΖΕΥΣ. Οὐδὲν ἔτι τοιοῦτον ὁ Τίμων ἐργάσεται περὶ σέ· πάνυ γὰρ αὐτὸν ἡ δίκελλα πεπαιδαγώγηκεν, εἰ μὴ παντάπασιν ἀνάλγητός ἐστι τὴν ὀσφῦν, ὡς χρῆν σε ἀντὶ τῆς πενίας προαιρεῖσθαι. σὺ μέντοι πάνυ μεμψίμοιρος εἶναί μοι δοκεῖς, ὃς νῦν μὲν τὸν Τίμωνα αἰτιᾷ, διότι σοι τὰς θύρας ἀναπετάσας ἠφίει περινοστεῖν ἐλευθέρως οὔτε ἀποκλείων οὔτε ζηλοτυπῶν· ἄλλοτε δὲ τοὐναντίον ἠγανάκτεις κατὰ τῶν πλουσίων κατακε-

tern. Sonst selten die active Form; Apol. 12. — μόνοις, nicht μόνον, des Gegensatzes wegen. Ebenso Lys. 5, 3: οὐ γὰρ τούτοις μόνοις εἰσὶ θεράποντες, ἀλλὰ καὶ τοῖς ἄλλοις ἅπασιν. — ἰδού γέ τοι, siehe wenigstens. Dieselbe Formel Hermot. 51. 63. Anach. 33. Bis acc. 3. — καταστήσεται. Char. 2: τοῦτο τὸ πρᾶγμα πληγῶν αἴτιον καταστήσεταί μοι. — βοήσας, dadurch dass oder weil er. — ἐπιστρέψας τὸν Δία, die Aufmerksamkeit des Zeus auf sich gezogen hat. — οὐκ ἂν ἀπέλθοιμι, ich möchte nicht. — καὶ ταῦτα, und zwar. Vgl. das folg. c. z. A.

12. ἐς πολλά, in viele Theile. — μόνον οὐχί, tantum non, beinahe. — δικράνοις ἐξεώθει, vgl. Horat. epist. 1, 10, 24. Zwei Vergleichungen in diesem Satze. — ἀπέλθω, soll ich geben, zum Ausdruck des Unwillens. Vgl. c. 45. — παραδοθησόμενος, um.. — λάροι, Gimpel, Dummköpfe. — ἀγαπάτωσαν.. ἀποφέροντες, mögen zufrieden sein davonzutragen. Tox. 33: ἀλλ' οὐκ ἐκεῖνοί γε ἠγάπησαν οὕτως ἀφιέμενοι. u. ö.

13. τοὐναντίον, im Gegentheil, umgekehrt. — σημείων ἐπιβολαῖς, sigillis impressis. — πρός

κλεῖσθαι λέγων πρὸς αὐτῶν ὑπὸ μοχλοῖς καὶ κλεισὶ καὶ σημείων ἐπιβολαῖς, ὡς μηδὲ παρακῦψαί σοι ἐς τὸ φῶς δυνατὸν εἶναι. ταῦτα γοῦν ἀπωδύρου πρός με ἀποπνίγεσθαι λέγων ἐν πολλῷ τῷ σκότῳ· καὶ διὰ τοῦτο ὠχρὸς ἡμῖν ἐφαίνου καὶ φροντίδος ἀνάπλεως, συνεσπακὼς τοὺς δακτύλους πρὸς τὸ ἔθος τῶν λογισμῶν καὶ ἀποδράσεσθαι ἀπειλῶν, εἰ καιροῦ λάβοιο, παρ' αὐτῶν· καὶ ὅλως τὸ πρᾶγμα ὑπέρδεινον ἐδόκει σοι, ἐν χαλκῷ ἢ σιδηρῷ τῷ θαλάμῳ καθάπερ τὴν Δανάην παρθενεύεσθαι ὑπ' ἀκριβέσι καὶ παμπονήροις παιδαγωγοῖς ἀνατρεφόμενον, τῷ Τόκῳ καὶ τῷ Λογισμῷ. 14. ἄτοπα γοῦν ποιεῖν ἔφα- 14 σκες αὐτοὺς ἐρῶντας μὲν ἐς ὑπερβολήν, ἐξὸν δὲ ἀπολαύειν οὐ τολμῶντας, οὐδὲ ἐπ' ἀδείας χρωμένους τῷ ἔρωτι κυρίους γε ὄντας, ἀλλὰ φυλάττειν ἐγρηγορότας, ἐς τὸ σημεῖον καὶ τὸν μοχλὸν ἀσκαρδαμυκτὶ βλέποντας, ἱκανὴν ἀπόλαυσιν οἰομένους οὐ τὸ αὐτοὺς ἀπολαύειν ἔχειν, ἀλλὰ τὸ μηδενὶ μεταδιδόναι τῆς ἀπολαύσεως, καθάπερ τὴν ἐν τῇ φάτνῃ κύνα μήτε αὐτὴν ἐσθίουσαν τῶν κριθῶν μήτε τῷ ἵππῳ πεινῶντι ἐπιτρέπουσαν. καὶ προσέτι γε καὶ κατεγέλας αὐτῶν φειδομένων καὶ φυλαττόντων καὶ τὸ καινότατον αὐτοὺς ζηλοτυπούντων, ἀγνοούντων δὲ ὡς κατάρατος οἰκέτης ἢ οἰκονόμος πεδότριψ ὑπεισιὼν λαθραίως ἐμπαροινήσει τὸν κακοδαίμονα καὶ ἀνέραστον δεσπότην πρὸς

με, gegen mich, bei mir, zu mir, nicht: zu mir; vgl. I, 15. Nigr. 12. 14. Hermot. 10 u. ö., Kr. Gr. §. 25, 1. 2. — ἐν πολλῷ τῷ σκότῳ. Hermot. 21: ἐν πολλῷ τῷ συρφετῷ. IV, 15: ἐκ πολλοῦ τοῦ βάθους. — πρὸς τὸ ἔθος, d. i. in Folge deiner Gewohnheit. — καὶ ὅλως, s. zu I, 10. Δανάην. Diese wurde von ihrem Vater Akrisios, einem Könige der Argeier, weil ihm geweissagt worden war, dass er durch einen Sohn derselben umkommen würde, in ein ehernes Zimmer unter der Erde od., wie Horat. od. 3, 16. sagt, in einen ehernen Thurm gesperrt. 14. ἐρῶντας, näml. σὲ, zu ergänzen aus ἔφασκες. — ἐξόν, Accus. absol. wie Genet. absol. zu übersetzen, obschon es in ihrer Macht steht. Ebenso ἐφειμένον Pisc. 25. ἐπιτραπέν σοι III, 6. ἐνόν De morte Peregr. 25. δέον c. 17. Pisc. 33 u. a. — ἐπ' ἀδείας, ohne Furcht, in Ruhe; auch μετ' ἀδείας. Ebenso ἐπ' ἐξουσίας, ἐφ' ἡσυχίας, ἐπὶ σχολῆς. — τῷ ἔρωτι, Gegenstand ihrer Liebe. — φυλάττειν, Gegensatz οὐδὲ ἐπ' ἀδ. χρωμένους τῷ ἔρωτι, daher man φυλάττοντας erwartet. Warum ist die Construction verändert und der Satz wieder an ἔφασκες angeknüpft? — τὸ verbinde mit ἔχειν; ἀπολαύειν abhängig von ἔχειν. — τὴν ἐν τῇ φάτνῃ κτέ. Adv. indoct. 30: τὸ τῆς κυνὸς ποιεῖς τῆς ἐν τῇ φάτνῃ κατακειμένης, ἣ οὔτε αὐτὴ τῶν κριθῶν ἐσθίει οὔτε τῷ ἵππῳ δυναμένῳ φαγεῖν ἐπιτρέπει. — τὸ καινότατον, was das Seltsamste ist; Nigr. 4. 21.; ebenso τὸ παραδοξότατον IV, 23. — πεδότριψ, einer der die Fussfesseln abnutzt, von

ἀμαυρόν τι καὶ μικρόστομον λυχνίδιον καὶ διψαλέον θρυαλλίδιον ἐπαγρυπνεῖν ἐάσας τοῖς τόκοις. πῶς οὖν οὐκ ἄδικα ταῦτα, πάλαι μὲν ἐκεῖνα αἰτιᾶσθαι, νῦν δὲ τῷ Τίμωνι τὰ ἐναντία ἐπικαλεῖν;

15. ΠΛΟΥΤ. Καὶ μὴν εἴ γε τἀληθὲς ἐξετάζοις, ἄμφω σοι εὔλογα δόξω ποιεῖν· τοῦ τε γὰρ Τίμωνος τὸ πάνυ τοῦτο ἀνειμένον ἀμελὲς καὶ οὐκ εὐνοϊκὸν ὡς πρὸς ἐμὲ εἰκότως ἂν δοκοίη, τούς τε αὖ κατάκλειστον θύραις ἐν σκότῳ φυλάττοντας, ὅπως αὑτοῖς παχύτερος γενοίμην καὶ πιμελὴς καὶ ὑπέρογκος ἐπιμελουμένους, οὔτε προσαπτομένους αὐτοὺς οὔτε ἐς τὸ φῶς προάγοντας, ὡς μηδὲ ὀφθείην πρός τινος, ἀνοήτους ἐνόμιζον εἶναι καὶ ὑβριστάς, οὐδὲν ἀδικοῦντά με ὑπὸ τοσούτοις δεσμοῖς κατασήποντας, οὐκ εἰδότας ὡς μετὰ μικρὸν ἀπίασιν ἄλλῳ τινὶ τῶν εὐδαιμόνων με καταλιπόντες. 16. οὔτ' οὖν ἐκείνους οὔτε τοὺς πάνυ προχείρους εἰς ἐμὲ τούτους ἐπαινῶ, ἀλλὰ τούς, ὅπερ ἄριστόν ἐστι, μέτρον ἐπιθήσοντας τῷ πράγματι καὶ μήτε ἀφεξομένους τὸ παράπαν μήτε προησομένους τὸ ὅλον. σκόπει γάρ, ὦ Ζεῦ, πρὸς τοῦ Διός, εἴ τις νόμῳ γήμας γυναῖκα νέαν καὶ καλὴν ἔπειτα μήτε φυλάττοι μήτε ζηλοτυποῖ τὸ παράπαν, ἀφιεὶς καὶ βαδίζειν ἔνθα ἂν ἐθέλοι νύκτωρ καὶ μεθ' ἡμέραν καὶ ξυνεῖναι τοῖς βουλομένοις, μᾶλλον δὲ αὐτὸς ἀπάγοι μοι-

nichtsnutzigen Sklaven. Vgl. Saturn. 8. — ἐμπαροινήσει, sich unverschämt betragen wird, gegen dich, Plutos.
15. καὶ μήν, und doch, indess, atqui; vgl. c. 35. 57. — εἰ.. ἐξετάζοις, im Falle dass du. Vgl. c. 50: εἰ γάρ μοι πείθοιο, .. ἐμβαλεῖς. Toxar. 50: εἰ δέ μοι ὑπόσχοιο ..., ἥξω u. ö. — τὸ πάνυ τοῦτο ἀνειμένον, diese grenzenlose Zügellosigkeit. — ὡς πρὸς ἐμέ, wenigstens in Bezug auf mich, wenigstens mir gegenüber. Vgl. c. 42.
16. ἐκείνους, geht auf die eben erwähnten Geizigen, τούτους auf die dem Sprechenden jetzt näher stehenden Verschwender in Bezug auf Timon. Ebenso ille und hic im Lateinischen. — πρόχειρος, leichtsinnig, leichtfertig. — τοὺς μέτρον ἐπιθήσοντας, d. i.

die Mass halten werden, wie sie es schon halten haben. Im Deutschen gebrauchen wir in solcher Verbindung das Praesens. — τὸ ὅλον, überhaupt; so oft bei Luc. — ὦ Ζεῦ, πρὸς τοῦ Διός, komisch; ebenso Dial. mort. 16, 1: οὐχ Ἡρακλῆς οὗτός ἐστιν; οὐ μὲν οὖν ἄλλος, μὰ τὸν Ἡρακλέα. — γήμας .. ἔπειτα. Oft stehen so ἔπειτα und εἶτα nach dem Participium, um die temporale Bedeutung des Particip. zu verdeutlichen (Kr. Gr. §. 56, 10, 3). Epist. Sat. 19: ἐχρῆν σε τὸ ἄνισον τοῦτο ἀφελόντα .. ἔπειτα κελεύειν ἑορτάζειν. — ἔνθα ἄν. ἄν könnte auch fehlen. — μεθ' ἡμέραν, bei Tage. c. 41. Nigr. 22. Bis acc. 16 u. ö. — τοῖς βουλομένοις, mit allen, welche. Alexand.5: ἐπόρνευε καὶ συνῆν ἐπὶ μισθῷ τοῖς βουλομένοις u. ö. Sonst ist der Singular gewöhnlicher. — μοιχευθησομένην ἀνοίγων τὰς θύρας καὶ μαστροπεύων καὶ πάντας ἐπ' αὐτὴν καλῶν, ἆρα ὁ τοιοῦτος ἐρᾶν δόξειεν ἄν; οὐ σύ γε, ὦ Ζεῦ, τοῦτο φαίης ἂν ἐρασθεὶς πολλάκις. 17. εἰ δέ τις 17 ἔμπαλιν ἐλευθέραν γυναῖκα εἰς τὴν οἰκίαν νόμῳ παραλαβὼν ἐπ' ἀρότῳ παίδων γνησίων, ὁ δὲ μήτε αὐτὸς προσάπτοιτο ἀκμαίας καὶ καλῆς παρθένου μήτε ἄλλῳ προσβλέπειν ἐπιτρέποι, ἄγονον δὲ καὶ στεῖραν κατακλείσας παρθενεύοι, καὶ ταῦτα ἐρᾶν φάσκων καὶ δῆλος ὢν ἀπὸ τῆς χροᾶς καὶ τῆς σαρκὸς ἐκτετηχυίας καὶ τῶν ὀφθαλμῶν ὑποδεδυκότων, ἔσθ' ὅπως ὁ τοιοῦτος οὐ παραπαίειν δόξειεν ἄν, δέον παιδοποιεῖσθαι καὶ ἀπολαύειν τοῦ γάμου, καταμαραίνων εὐπρόσωπον οὕτω καὶ ἐπέραστον κόρην καθάπερ ἱέρειαν τῇ Θεσμοφόρῳ τρέφων διὰ παντὸς τοῦ βίου; ταῦτα καὶ αὐτὸς ἀγανακτῶ πρὸς ἐνίων μὲν ἀτίμως λακτιζόμενος καὶ λαφυσσόμενος καὶ ἐξαντλούμενος, ὑπ' ἐνίων δὲ ὥσπερ στιγματίας δραπέτης πεπεδημένος. 18. ΖΕΥΣ. Τί οὖν ἀγανακτεῖς κατ' αὐτῶν; διδόασι γὰρ 18 ἄμφω καλὴν τὴν δίκην, οἱ μὲν ὥσπερ ὁ Τάνταλος ἄποτοι καὶ

χευθησομένην, um sich hinzugeben.
17. ἔμπαλιν, dagegen. Vgl. c. 9. 29. Char. 1. Alex. 9 u. ö.
— ἐπ' ἀρότῳ παίδων γνησίων, um rechtmässige Kinder zu zeugen. Eine in den Eheverträgen bei den Athenäern gewöhnliche Formel. — ὁ δέ, der aber, Wiederholung des Subjects mit Nachdruck nach vorangehendem Partic.; vgl. Jap. conf. 11: οἱ ἄνθρωποι δέον τῇ Εἱμαρμένῃ θύειν καὶ παρ' ἐκείνης αἰτεῖν τἀγαθά, οἱ δὲ ἐφ' ἡμᾶς ἴασι. Hermot. 28: ὃς δέον τὴν πελειάδα κατατοξεῦσαι ὁ δὲ τὴν μήρινθον ἔτεμεν. — στεῖραν. Vgl. Dial. mort. 28, 2. Dichterisches Wort; in Prosa erst bei Späteren. — δῆλος ὢν, näml. ἐρῶν. — τῆς σαρκὸς ἐκτετηχυίας, d. i. Magerkeit. — τῶν ὀφθαλμῶν ὑποδεδυκότων, hohle, in den Höhlen liegende Augen. — ἔσθ' ὅπως, ist es möglich, dass. — ὁ τοιοῦτος, der welcher so beschaffen ist, wie er eben beschrieben worden. Vgl. c. 16.

23. 31 u. ö. — παραπαίειν, wahnsinnig sein, oft bei Luc. u. A. — δέον, siehe oben zu 14. — καθάπερ ἱέρειαν τῇ Θεσμοφόρῳ. Unter Θεσμοφόρος, Gesetzgeberin, ist die Demeter zu verstehen, insofern sie durch Einführung des Ackerbaues den Grund zur bürgerlichen Gesellschaft und somit zur Gesetzgebung legte. Zu Ehren derselben wurden zu Athen und anderwärts von den Frauen alljährlich vom 9. Pyanepsion an 5 Tage lang die Thesmophorien gefeiert. Mit der ἱέρεια ist die jungfräuliche Tempelpriesterin hier und Dial. meretr. 7, 4 gemeint. S. Hermann's gottesdienstl. Alterth. §. 56, 26. — ταῦτα, darüber. Demosth. 8, 55: καίτοι ἔγωγ' ἀγανακτῶ καὶ αὐτὸ τοῦτο. Kr. Gr. §. 48, 8, 1.
18. ὥσπερ ὁ Τάνταλος. Tantalos, König von Phrygien, wurde wegen eines Vergehens, das er sich gegen die Götter hatte zu Schulden kommen lassen, von letzteren in der Art bestraft, dass er im Tartaros in einem See bis an

ἄγευστοι καὶ ξηροὶ τὸ στόμα, ἐπικεχηνότες μόνον τῷ χρυσίῳ, οἱ δὲ καθάπερ ὁ Φινεὺς ἀπὸ τῆς φάρυγγος τὴν τροφὴν ὑπὸ τῶν Ἁρπυιῶν ἀφαιρούμενοι. ἀλλ' ἄπιθι ἤδη σωφρονεστέρῳ παρὰ πολὺ τῷ Τίμωνι ἐντευξόμενος.

ΠΛΟΥΤ. Ἐκεῖνος γάρ ποτε παύσεται ὥσπερ ἐκ κοφίνου τετρυπημένου, πρὶν ὅλως εἰσρυῆναί με, κατὰ σπουδὴν ἐξαντλῶν, φθάσαι βουλόμενος τὴν ἐπιρροήν, μὴ ὑπέραντλος εἰσπεσὼν ἐπικλύσω αὐτόν; ὥστε ἐς τὸν τῶν Δαναΐδων πίθον ὑδροφορήσειν μοι δοκῶ καὶ μάτην ἐπαντλήσειν, τοῦ κύτους μὴ στέγοντος, ἀλλὰ πρὶν εἰσρυῆναι, σχεδὸν ἐκχυθησομένου τοῦ ἐπιρρέοντος· οὕτως εὐρύτερον τὸ πρὸς τὴν ἔκχυσιν κεχηνὸς του πίθου καὶ ἀκώλυτος ἡ ἔξοδος.

19. ΖΕΥΣ. Οὐκοῦν εἰ μὴ ἐμφράξεται τὸ κεχηνὸς τοῦτο καὶ ἐς τὸ ἅπαξ ἀναπεπταμένον, ἐκχυθέντος ἐν βραχεῖ σου ῥᾳδίως εὑρήσει τὴν διφθέραν αὖθις καὶ τὴν δίκελλαν ἐν τῇ τρυγὶ τοῦ πίθου. ἀλλ' ἄπιτε ἤδη καὶ πλουτίζετε αὐτόν· σὺ δὲ μέμνησο, ὦ Ἑρμῆ, ἐπανιὼν πρὸς ἡμᾶς ἄγειν τοὺς Κύκλωπας ἐκ τῆς Αἴτνης, ὅπως τὸν κεραυνὸν ἀκονήσαντες ἐπισκευάσωσιν· ὡς ἤδη γε τεθηγμένου αὐτοῦ δεησόμεθα.

das Kinn im Wasser stehen und doch dursten, und trotz der über seinem Haupte bängenden Früchte doch hungern musste. Hom. Od. 11, 582 ff. Dial. mort. 17. — ἐπικεχηνότες, schnappend nach, inhiantes. — καθάπερ ὁ Φινεύς. Dieser, ein Sohn des Agenor, König von Salmydessos in Thrake, hatte seine Söhne auf Veranlassung ihrer Stiefmutter getödtet, wofür ihm zur Strafe die Harpyien zugesendet wurden, welche, sobald er essen wollte, ihm die Mahlzeit wegassen, und was sie nicht verzehrten, verunreinigten. — τὴν τροφήν, Accusativ beim Passiv., Objectsaccusativ. Hermot. 71: ὑπὸ τοῦ ἐρομένου ἀφαιρεθέντες ἅπαντα ἐκεῖνα τἀγαθά. u. s. — παρὰ πολύ, um vieles, bei weitem. III, 11 u. ö. — ἐκεῖνος γάρ. γάρ in der Frage, wie unser denn, elliptisch. Was für ein Gedanke ist hier zu ergänzen? Vgl. c. 24. III, 16. — κατὰ σπουδήν, mit Eifer. — ἐξαντλῶν. Das Partic. bei παύεσθαι durch den Infin. zu übersetzen. Vgl. III, 17. — μὴ ὑπ. εἰσπεσὼν ἐπικλ. αὐτόν, d. i. damit ich ihn nicht so sehr überschwemme, dass an kein Ausschöpfen mehr zu denken ist. S. zu c. 4. — ἐς τὸν τῶν Δαν. πίθον. Die 50 Töchter des Danaos tödteten mit Ausnahme der einzigen Hypermnestra ihre Männer in der Brautnacht und mussten dafür zur Strafe in der Unterwelt ein leckes oder bodenloses Gefäss mit Wasser füllen. — κύτους, Gefäss. — στέγειν absol. wie unser 'halten'.

19. ἐμφράξεται, seltene Medialform. — ἐς τὸ ἅπαξ, ein für allemal, für immer. Vielleicht ist richtig, was ich zuerst einst vorgeschlagen τὸ εἰσάπαξ. — μέμνησο ἄγειν, s. zu IV, 7. — Κύκλωπας. Sie waren Gehilfen des Hephästos und verfertigten die

20. ΕΡΜ. Προΐωμεν, ὦ Πλοῦτε. τί τοῦτο; ὑποσκά- 20
ζεις; ἐλελήθεις με, ὦ γεννάδα, οὐ τυφλὸς μόνον, ἀλλὰ καὶ χωλὸς ὤν.
ΠΛΟΥΤ. Οὐκ ἀεὶ τοῦτο, ὦ Ἑρμῆ, ἀλλ᾽ ὁπόταν μὲν ἀπίω παρά τινα πεμφθεὶς ὑπὸ τοῦ Διός, οὐκ οἶδ᾽ ὅπως βραδύς εἰμι καὶ χωλὸς ἀμφοτέροις, ὡς μόλις τελεῖν ἐπὶ τὸ τέρμα, προγηράσαντος ἐνίοτε τοῦ περιμένοντος, ὁπόταν δὲ ἀπαλλάττεσθαι δέῃ, πτηνὸν ὄψει, πολὺ τῶν ὀνείρων ὠκύτερον· ἅμα γοῦν ἔπεσεν ἡ ὕσπληγξ, κἀγὼ ἤδη ἀνακηρύττομαι νενικηκώς, ὑπερπηδήσας τὸ στάδιον οὐδὲ ἰδόντων ἐνίοτε τῶν θεατῶν.
ΕΡΜ. Οὐκ ἀληθῆ ταῦτα φῄς· ἐγὼ γέ τοι πολλοὺς ἂν εἰπεῖν ἔχοιμί σοι χθὲς μὲν οὐδὲ ὀβολόν, ὥστε πρίασθαι βρόχον, ἐσχηκότας, ἄφνω δὲ τήμερον πλουσίους καὶ πολυτελεῖς ἐπὶ λευκοῦ ζεύγους ἐξελαύνοντας, οἷς οὐδὲ κἂν ὄνος ὑπῆρξε πώποτε. καὶ ὅμως πορφυροῖ καὶ χρυσόχειρες περιέρχονται οὐδ᾽ αὐτοὶ πιστεύοντες, οἶμαι, ὅτι μὴ ὄναρ πλουτοῦσιν.
21. ΠΛΟΥΤ. Ἑτεροῖον τοῦτ᾽ ἐστίν, ὦ Ἑρμῆ, καὶ οὐχὶ 21 τοῖς ἐμαυτοῦ ποσὶ βαδίζω τότε, οὐδὲ ὁ Ζεύς, ἀλλ᾽ ὁ Πλούτων ἀποστέλλει με παρ᾽ αὐτοὺς ἅτε πλουτοδότης καὶ μεγαλόδωρος καὶ αὐτὸς ὤν· δηλοῖ γοῦν καὶ τῷ ὀνόματι. ἐπειδὰν τοίνυν μετοικισθῆναι δέῃ με παρ᾽ ἑτέρου πρὸς ἕτερον, ἐς δέλτον ἐμ-

---

Donnerkeile des Zeus. Als ihre Werkstatt wird der Aetna angegeben.
20. ἐλελήθεις με.. ὤν, es war mir verborgen geblieben, ich wusste nicht, dass du .. bist. — ἀμφοτέροις, nämlich ποσί. Asin. 28: ἀμφοτέροις εἰς ἐμὲ ὑπολακτίζοντες. — τελεῖν ἐπὶ τὸ τέρμα, näml. ὁδόν, an's Ziel gelangen. Tox. 51: τριταῖος ἐτέλεσεν ἐκ Μαχλύων ἐς Σκύθας. Hermot. 71: αὐθημερὸν ἀπὸ τῆς Ἑλλάδος εἰς Ἰνδοὺς τελεῖ. — ἅμα γοῦν .. κἀγώ, s. zu I, 3. — ὕσπληγξ, eigtl. das Seil quer vor den Schranken der Wettläufer. Vgl. Calumn. 3. — γέ τοι, wenigstens doch. — ἐπὶ λευκοῦ ζεύγους, auf einem Gespann mit weissen Rossen. Dieses wird von Luc. oft als ein ganz besonderer Prunk aufgeführt; vgl. De merc. cond. 3: ἐπὶ λευκοῦ

ζεύγους ἐξυπτιάζοντες. — οὐδὲ κἂν ὄνος, selbst oder sogar nicht einmal ein Esel. Elliptische Ausdrucksweise für καὶ ἐὰν ὄνος ᾖ. Catapl. 20: ὅμως κἂν μικρόν τι ἐς τὸ ἔθος ἐπιστέναξον. III, 2. 13. Rhet. praec. 9. — χρυσόχειρες, mit goldenen Ringen an den Händen. 'Später dienten die Ringe auch zum Schmucke, und daher trug man deren oft mehrere, ja in der Zeit verfallener Sitten belastete man förmlich die Hände damit.' Bekker's Charikl. 1 p. 345.
21. ὁ Πλούτων. Platon, der Gott der Unterwelt, dessen Namensverwandtschaft Lucian benutzt, wird hier als Geber des Reichthums, der durch Erbschaft zufällt, gedacht. — ἅτε mit dem Partic. insofern, da nämlich, quippe, bei Angabe eines objectiven Grundes; s. Kr. Gr. §. 56, 12, 2. — δέλ-

βαλόντες με καὶ κατασημηνάμενοι ἐπιμελῶς φοράδην ἀράμενοι μετακομίζουσι· καὶ ὁ μὲν νεκρὸς ἐν σκοτεινῷ που τῆς οἰκίας πρόκειται ὑπὲρ τὰ γόνατα παλαιᾷ τῇ ὀθόνῃ σκεπόμενος, περιμάχητος ταῖς γαλαῖς, ἐμὲ δὲ οἱ ἐπελπίσαντες ἐν τῇ ἀγορᾷ περιμένουσι κεχηνότες ὥσπερ τὴν χελιδόνα προσπετομένην τε-
22 τριγότες οἱ νεοττοί. 22. ἐπειδὰν δὲ τὸ σημεῖον ἀφαιρεθῇ καὶ τὸ λίνον ἐντμηθῇ καὶ ἡ δέλτος ἀνοιχθῇ καὶ ἀνακηρυχθῇ μου ὁ καινὸς δεσπότης ἤτοι συγγενής τις ἢ κόλαξ ἢ κατακύγων οἰκέτης ἐκ παιδικῶν τίμιος, ὑπεξυρημένος ἔτι τὴν γνάθον, ἀντὶ ποικίλων καὶ παντοδαπῶν ἡδονῶν, ἃς ἤδη ἔξωρος ὢν ὑπηρέτησεν αὐτῷ, μέγα τὸ μίσθωμα ὁ γενναῖος ἀπολαβών, ἐκεῖνος μέν, ὅστις ἂν ᾖ ποτε, ἁρπασάμενός με αὐτῇ δέλτῳ θεῖ φέρων ἀντὶ τοῦ τέως Πυρρίου ἢ Δρόμωνος ἢ Τιβίου Μεγακλῆς ἢ Μεγάβυζος ἢ Πρώταρχος μετονομασθείς, τοὺς μάτην

τον, zu verstehen von dem Testamente, das auf eine mit Wachs überzogene Tafel geschrieben war. Dasselbe wurde in Gegenwart von Zeugen aus der Verwandtschaft versiegelt und gewöhnlich bei einem Bürger niedergelegt. Die Eröffnung fand gleichfalls vor Zeugen [hier öffentlich, ἐν τῇ ἀγορᾷ], und zwar bald nach eingetretenem Todesfalle statt. — ἐν σκοτεινῷ που τῆς οἰκίας, in irgend einem finstern Winkel des Hauses. — πρόκειται. Das eigtl. Wort von der Ausstellung der Todten an einem der vornehmsten Orte des Hauses. — σκεπόμενος. Ein nur bei spätern Schriftstellern gebräuchliches Verbum für das att. σκεπάζω. — οἱ ἐπελπίσαντες intr., die sich auf mich Hoffnung machen. ἐμέ gehört zu περιμένουσι. — οἱ νεοττοί, näml. περιμένουσι.
22. τὸ λίνον. Der mit dem Siegel versehene Bindfaden, der das Testament umgab. — ἤτοι .. ἢ öfter bei Luc., Catapl. 1. Vit. auct. 11. Necyom. 17. — ἐκ παιδικῶν ist gerade so gesagt wie ἐκ παίδων, und ἐκ παιδ. τίμιος bedeutet, 'geehrt von der Zeit an als er sein Geliebter war.' — ὑπεξυρημένος ἔτι τὴν γνάθον, d. i.

indem er sich noch rasiren lässt. Vgl Dial. mort. 9, 4. Scyth. 3. — ἔξωρος, über die Blüthe der Jahre hinaus. — αὐτῷ, dem Herrn, im Gegensatz zu οἰκέτης. — ὁ γενναῖος, ironisch, ebenso wie c. 47 z. E. In Bezug auf die Stellung vgl. ὁ ἄθλιος im folg. cap. z. E. S. zu IV, 17. — ἐκεῖνος μέν. Der Vordersatz ist enthalten in den WW. ἐπειδάν bis ἀπολαβών, und der Nachsatz beginnt mit ἐκεῖνος μέν. Diesem μέν nun entspricht kein δέ, denn ὁ δέ c. 23 ist auf denselben mit ἐκεῖνος μέν, näml. auf den Erben, zu beziehen. Worin ist nun der Gegensatz hierzu enthalten? Die Unregelmässigkeit entstanden durch die Lebhaftigkeit der Rede. — αὐτῇ δέλτῳ, sammt dem Testamente. So αὐτῇ Κασταλίᾳ IV, 6. αὐτοῖς ὀβελοῖς Ep. Sat. 23. αὐτῇ ἀρετῇ De merc. cond. 24. αὐτοῖς θεοῖς Jup. trag. 14 u. ö. — θεῖ φέρων, läuft hastig. Icaromenipp. 19: ὁ δὲ ἁρπάσας ποθὲν ἢ κυάμου λέπος ἢ πυροῦ ἡμίτομον θεῖ φέρων. Vgl. unten c. 26. Hermot. 36. Necyom. 8. De sacrif. 5 u. ö. — Πυρρίου ἢ Δρόμ. ἢ Τιβίου, gewöhnliche Sclavennamen. — Μεγακλῆς ἢ Μεγάβ. ἢ Πρώτ., Namen von Männern aus den vor-

κεχηνότας εκείνους ες αλλήλους αποβλέποντας καταλιπων αληθες άγοντας το πένθος, οίος αυτους ο θύννος εκ μυχού της σαγήνης διέφυγεν ουκ ολίγον το δέλεαρ καταπιών. 23. ο δε 23 εμπεσων αθρόως εις εμε απειρόκαλος και παχύδερμος άνθρωπος, έτι την πέδην πεφρικως και ει παριων μαστίξειέ τις, όρθιον εφιστας το ους και τον μυλώνα ώσπερ το ανάκτορον προσκυνων ουκέτι φορητός εστι τοις εντυγχάνουσιν, αλλα τούς τε ελευθέρους υβρίζει και τους ομοδούλους μαστιγοί, αποπειρώμενος ει και αυτώ τα τοιαύτα έξεστιν, άχρι αν ή ες πορνίδιόν τι εμπεσων ή ιπποτροφίας επιθυμήσας ή κόλαξι παραδους εαυτον ομνύουσιν, ή μην ευμορφότερον μεν Νιρέως είναι αυτόν, ευγενέστερον δε του Κέκροπος ή Κόδρου, συνετώτερον δε του Οδυσσέως, πλουσιώτερον δε σύναμα Κροίσων εκκαίδεκα, εν ακαρεί του χρόνου ο άθλιος εκχέη τα κατ' ολίγον εκ πολλών επιορκιών και αρπαγών και πανουργιών συνειλεγμένα.

24. ΕΡΜ. Αυτά που σχεδον φης τα γιγνόμενα· οπόταν 24 δ' ουν αυτόπους βαδίζης, πως ούτω τυφλος ων ευρίσκεις την οδόν; ή πως διαγιγνώσκεις εφ' ούς άν σε ο Ζευς αποστείλη κρίνας είναι του πλουτείν αξίους;

ΠΛΟΥΤ. Οίει γαρ ευρίσκειν με οίτινές εισι; μα τον Δία ου πάνυ· ου γαρ αν Αριστείδην καταλιπων Ιππονίκω και Καλλία προσήειν και πολλοίς άλλοις Αθηναίων ουδε οβολού αξίοις.

nehmsten Geschlechtern. — οίος, d. i. ότι τοιούτος. Ver. hist. 2, 27: εδάκρυον, οία έμελλον αγαθα καταλιπων αύθις πλανηθήσεσθαι. Dial. mar. 1, 1. Catapl. 16 u. ö. — θύννος. Dasselbe Bild Horat. sat. 2, 5, 22. — δέλεαρ, von den Geschenken von Seiten der Erbschleicher an den Reichen. 23. εμπεσών. Adv. indoct. 9: απορρηγνύσι τρείς άμα χορδάς, σφοδρότερον του δέοντος εμπεσων τη κιθάρρα. — αθρόως, mit aller Macht. — παχύδερμος, in uneigentlicher Bedeutung. — ει παριων μαστίξειέ τις, wenn einer im Vorübergehen mit der Peitsche knallt. — τον μυλώνα, Mühlenhaus, wo die Sklaven zur Strafe arbeiten mussten. — τους ομοδούλους, seine ehemaligen Mitsklaven. — Νιρέως. Il. 2, 673: Νιρεύς, ός κάλλιστος ανηρ υπο Ίλιον ήλθεν. — Κέκροπος ή Κόδρου. Bekannte alte athenische Könige. — εκκαίδεκα, hyperbolisch = unzählige. Ebenso Dial. deor. 1. — εν ακαρεί του χρόνου, s. oben zu c. 3. 24. τα γιγνόμενα, das, was wirklich geschieht. Hermot. 3: αυτο έφησθα, ω Λυκίνε, το γιγνόμενον. — αυτόπους, im Gegensatz zu ουχι τοις εμαυτού ποσι βαδίζω c. 21. — ου γαρ αν.. προσήειν, s. zu c. 7. — Αριστείδην, bekannt seiner Rechtschaffenheit und Armuth wegen. — Ιππονίκω και Καλλία, ihres Reichthums wegen sprichwörtlich geworden (Καλλίου του Ιππονίκου πλουσιώτερος), aber sonst nicht

*ΕΡΜ.* Πλὴν ἀλλὰ τί πράττεις καταπεμφθείς;

*ΠΛΟΥΤ.* Ἄνω καὶ κάτω πλανῶμαι περινοστῶν, ἄχρι ἂν λάθω τινὶ ἐμπεσών· ὁ δέ, ὅστις ἂν πρῶτός μοι περιτύχῃ, ἀπαγαγὼν παρ' αὑτὸν ἔχει, σὲ τὸν Ἑρμῆν ἐπὶ τῷ παραλόγῳ τοῦ κέρδους προσκυνῶν.

25. *ΕΡΜ.* Οὐκοῦν ἐξηπάτηται ὁ Ζεὺς οἰόμενός σε κατὰ τὸ αὑτῷ δοκοῦν πλουτίζειν ὅσους ἂν οἴηται τοῦ πλουτεῖν ἀξίους;

*ΠΛΟΥΤ.* Καὶ μάλα δικαίως, ὠγαθέ, ὅς γε τυφλὸν ὄντα εἰδὼς ἔπεμπεν ἀναζητήσοντα δυσεύρετον οὕτω χρῆμα καὶ πρὸ πολλοῦ ἐκλελοιπὸς ἐκ τοῦ βίου, ὅπερ οὐδ' ὁ Λυγκεὺς ἂν ἐξεύροι ῥᾳδίως, ἀμαυρὸν οὕτω καὶ μικρὸν ὄν. τοιγαροῦν ἅτε τῶν μὲν ἀγαθῶν ὀλίγων ὄντων, πονηρῶν δὲ πλείστων ἐν ταῖς πόλεσι τὸ πᾶν ἐπεχόντων, ῥᾷον ἐς τοὺς τοιούτους ἐμπίπτω περιιὼν καὶ σαγηνεύομαι πρὸς αὐτῶν.

*ΕΡΜ.* Εἶτα πῶς, ἐπειδὰν καταλίπῃς αὐτούς, ῥᾳδίως φεύγεις οὐκ εἰδὼς τὴν ὁδόν;

*ΠΛΟΥΤ.* Ὀξυδερκὴς τότε πως καὶ ἀρτίπους γίγνομαι πρὸς μόνον τὸν καιρὸν τῆς φυγῆς.

26. *ΕΡΜ.* Ἔτι δή μοι καὶ τοῦτο ἀπόκριναι, πῶς τυφλὸς ὤν, εἰρήσεται γάρ, καὶ προσέτι ὠχρὸς καὶ βαρὺς ἐκ τοῖν σκε-

eben im besten Rufe, und daher von den Komikern oft derb mitgenommen; vgl. Jup. conf. 16. — ἄνω καὶ κάτω, sursum deorsum, oft bei Luc. wiederkehrende Formel. — σὲ τὸν Ἑρμῆν. Jeder unerwartete Gewinn oder Zuwachs an Vermögen wurde dem Hermes zugeschrieben (ἕρμαιον), der daher auch κερδῷος (41) genannt wird.
25. κατὰ τὸ αὑτῷ δοκοῦν, seinem Wunsche gemäss. Pisc. 44: κατὰ τὰ ἡμῖν δοκοῦντα. Conviv. 39 u. ö. — ὅς γε, er der, der ja, qui quidem, gibt nicht blos eine relativische Bestimmung, sondern drückt auch zugleich den Grund aus. — ἀναζητήσοντα, um aufzusuchen. Dial. deor. 24, 2: μηδὲ ἀναπνεύσαντα πέπομφεν αὖθις ἐς τὸ Ἄργος ἐπισκεψόμενον τὴν Δανάην. Ebenso nach ἥκειν c. 34. vgl. c.55. III, 4.7. — δυσεύρετον οὕτω χρῆμα, näml. τοὺς τοῦ πλουτεῖν ἀξίους. — πρὸ πολλοῦ, seit langer Zeit. Tox.12. — ἐκλελοιπός, intr. verschwunden. — Λυγκεύς. Einer der Argonauten, berühmt wegen seines scharfen Gesichts und desshalb sprichwörtlich. Char. 7. Hermot. 20. Pro imag. 20. — τὸ πᾶν ἐπεχόντων. τὸ πᾶν ἐπέχειν das Regiment führen. Vgl. c. 27. — πρός mit dem Gen. bei Passiven, bei Luc. häufig, ist selten in der attischen Prosa. — εἶτα πῶς, d. i. dann, wenn dem so ist, wie kommt es dass. Dial. deor. 4, 1: εἶτα πῶς σύριγγα οὐκ ἔχεις;
26. εἰρήσεται γάρ, dicendum enim est, etwa unser 'unter uns gesagt'; vgl. Dial. mar. 4, 1. 13, 1. Zeux. 2. Anach. 16. Hermot. 50. Icarom. 13. — βαρὺς ἐκ τοῖν σκελοῖν, schwerfällig auf

*ΤΙΜΩΝ.* [II.] 33

λοΐν τοσούτους ἐρασιὰς ἔχεις, ὥστε πάντας ἀποβλέπειν εἰς σέ, καὶ τυχόντας μὲν εὐδαιμονεῖν οἴεσθαι, εἰ δὲ ἀποτύχοιεν, οὐκ ἀνέχεσθαι ζῶντας; οἶδα γοῦν τινας οὐκ ὀλίγους αὐτῶν οὕτω σου δυσέρωτας ὄντας, ὥστε καὶ ἐς βαθυκήτεα πόντον φέροντες ἔρριψαν αὑτοὺς καὶ πετρῶν κατ' ἠλιβάτων ὑπεροράσθαι νομίζοντες ὑπὸ σοῦ, ὅτιπερ οὐδὲ τὴν ἀρχὴν ἑώρας αὐτούς. πλὴν ἀλλὰ καὶ σὺ ἂν εὖ οἶδ' ὅτι ὁμολογήσειας, εἴ τι ξυνίης σαυτοῦ, κορυβαντιᾶν αὐτοὺς ἐρωμένῳ τοιούτῳ ἐπιμεμηνότας.

27. *ΠΛΟΥΤ.* Οἴει γὰρ τοιοῦτον, οἷός εἰμι, ὁρᾶσθαι αὐ- 27 τοῖς, χωλὸν ἢ τυφλὸν ἢ ὅσα ἄλλα μοι πρόσεστιν;
*ΕΡΜ.* Ἀλλὰ πῶς, ὦ Πλοῦτε, εἰ μὴ τυφλοὶ καὶ αὐτοὶ πάντες εἰσίν;
*ΠΛΟΥΤ.* Οὐ τυφλοί, ὦ ἄριστε, ἀλλ' ἡ ἄγνοια καὶ ἡ ἀπάτη, αἵπερ νῦν κατέχουσι τὰ πάντα, ἐπισκιάζουσιν αὐτούς· ἔτι δὲ καὶ αὐτός, ὡς μὴ παντάπασιν ἄμορφος εἴην, προσωπεῖόν τι ἐρασμιώτατον περιθέμενος, διάχρυσον καὶ λιθοκόλλητον, καὶ ποικίλα ἐνδὺς ἐντυγχάνω αὐτοῖς· οἱ δὲ αὐτοπρόσωπον οἰόμενοι ὁρᾶν τὸ κάλλος ἐρῶσι καὶ ἀπόλλυνται μὴ [ἐν]τυγχάνοντες. ὡς εἴ γέ τις αὐτοῖς ὅλον ἀπογυμνώσας ἐπέδειξέ με, δῆλον ὡς κατεγίνωσκον ἂν αὐτῶν ἀμβλυώττοντες τὰ τηλικαῦτα καὶ ἐρῶντες ἀνεράστων καὶ ἀμόρφων πραγμάτων.

28. *ΕΡΜ.* Τί οὖν ὅτι καὶ ἐν αὐτῷ ἤδη τῷ πλουτεῖν γε- 28 νόμενοι καὶ τὸ προσωπεῖον αὐτοὶ περιθέμενοι ἔτι ἐξαπατῶνται,

die Füsse. — τυχόντας, näml. σοῦ. — ἀνέχεσθαι mit Partic. ζῶντας, wir mit folg. Infin. Vgl. c. 37. Nigr. 34: ἀνέχονται ἀκούοντες. — ἐς βαθυκήτεα πόντον .. πετρῶν κατ' ἠλιβάτων nach Theognis, bei dem es 175 f. von der Armuth heisst: ἦν δὴ χρὴ φεύγοντα καὶ ἐς μεγακήτεα πόντον ῥιπτεῖν καὶ πετρῶν, Κύρνε, κατ' ἠλιβάτων. — φέροντες, s. zu c. 22. — ὅτιπερ, weil eben, weil ja. Diese Worte enthalten eine Bemerkung des Hermes und gehören nicht zum Vorhergehenden. — οὐδὲ τὴν ἀρχήν, eigentl. von vorn herein nicht einmal, d. i. durchaus nicht. — εὖ οἶδ' ὅτι, s. zu I, 18. — εἴ τι ξυνίης σαυτοῦ, wenn du dich irgend selbst kennst, d. i.

wenn du dir irgend Gerechtigkeit widerfahren lässest.

27. ὁρᾶσθαι, sichtbar werden, erscheinen, daher der Dativ, nicht = ὑπ' αὐτῶν. — ἡ ἄγνοια καὶ ἡ ἀπάτη κτἑ. Aehnlich IV, 21. — ποικίλα, nämlich ἱμάτια. De merc. cond. 42: Ἐλπὶς ποικίλα ἀμπεχομένη. Ebenso μέλανα ἀμπεχόμενος Tox. 26. — αὐτοπρόσωπον, in eigener Person, d. i. ohne Larve. — ὡς, denn. — τὰ τηλικαῦτα, in so hohem Grade.

28. τί οὖν ὅτι, wie nun kommt es, dass. — ἐν αὐτῷ τῷ πλουτεῖν γινόμενοι, d. i. in den wirklichen Besitz des Reichthums gekommen. Kr. Gr. §. 68, 12, 4. — οὐ γὰρ δή, denn wahrlich nicht; vgl. Tox. 1. Abdic.

καὶ ἤν τις ἀφαιρῆται αὐτούς, θᾶττον ἂν τὴν κεφαλὴν ἢ τὸ προσωπεῖον πρόοιντο; οὐ γὰρ δὴ καὶ τότε ἀγνοεῖν εἰκὸς αὐτούς, ὡς ἐπίχριστος ἡ εὐμορφία ἐστίν, ἔνδοθεν τὰ πάντα ὁρῶντας.

ΠΛΟΥΤ. Οὐκ ὀλίγα, ὦ Ἑρμῆ, καὶ πρὸς τοῦτό μοι συναγωνίζεται.

ΕΡΜ. Τὰ ποῖα;

ΠΛΟΥΤ. Ἐπειδάν τις ἐντυχὼν τὸ πρῶτον, ἀναπετάσας τὴν θύραν, εἰσδέχηταί με, συμπαρεισέρχεται μετ' ἐμοῦ λαθὼν ὁ τῦφος καὶ ἡ ἄνοια καὶ ἡ μεγαλοψυχία καὶ μαλακία καὶ ὕβρις καὶ ἀπάτη καὶ ἄλλ' ἄττα μυρία· ὑπὸ δὴ τούτων ἁπάντων καταληφθεὶς τὴν ψυχὴν θαυμάζει τε τὰ οὐ θαυμαστὰ καὶ ὀρέγεται τῶν φευκτῶν κἀμὲ τὸν πάντων ἐκείνων πατέρα τῶν εἰσεληλυθότων κακῶν τέθηπε δορυφορούμενον ὑπ' αὐτῶν, καὶ πάντα πρότερον πάθοι ἂν ἢ ἐμὲ προέσθαι ὑπομείνειεν ἄν.

29. ΕΡΜ. Ὡς δὲ λεῖος εἶ καὶ ὀλισθηρός, ὦ Πλοῦτε, καὶ δυσκάτοχος καὶ διαφευκτικός, οὐδεμίαν ἀντιλαβὴν παρεχόμενος βεβαίαν, ἀλλ' ὥσπερ αἱ ἐγχέλεις ἢ οἱ ὄφεις διὰ τῶν δακτύλων δραπετεύεις οὐκ οἶδ' ὅπως· ἡ Πενία δ' ἔμπαλιν ἰξώδης τε καὶ εὐλαβὴς καὶ μυρία τὰ ἄγκιστρα ἐκπεφυκότα ἐξ ἅπαντος τοῦ σώματος ἔχουσα, ὡς πλησιάσαντας εὐθὺς ἔχεσθαι καὶ μὴ ἔχειν ῥᾳδίως ἀπολυθῆναι. ἀλλὰ μεταξὺ φλυαροῦντας ἡμᾶς πρᾶγμα ἤδη οὐ μικρὸν διέλαθε.

ΠΛΟΥΤ. Τὸ ποῖον;

ΕΡΜ. Ὅτι τὸν Θησαυρὸν οὐκ ἐπηγαγόμεθα, οὗπερ ἔδει μάλιστα.

30. ΠΛΟΥΤ. Θάρρει τούτου γε ἕνεκα· ἐν τῇ γῇ αὐτὸν ἀεὶ καταλείπων ἀνέρχομαι πρὸς ὑμᾶς ἐπισκήψας ἔνδον μένειν

---

10. Pisc. 23 u. ö. — τὰ ποῖα. Der Artikel proleptisch, mit Bezug auf eine zu gebende Bestimmung (Kr. Gr. §. 50, 4, 7); vgl. c. 29. Catapl. 9. 11 u. ö. — μεγαλοψυχία, in malam partem, Einbildung, Aufgeblasenheit. — δορυφορούμενον ὑπ' αὐτῶν, von ihnen als Trabanten umgeben.
29. ὡς δὲ λεῖος εἶ, wie glatt aber bist du. Die Partikel δέ steht hier, da zu etwas Neuem übergegangen wird. — δυσκάτοχος, schwer festzuhalten. — ἔμπαλιν, s. oben zu c. 17. — πλησιάσαντας. Wie unterscheidet sich dieses von τοὺς πλησιάσαντας? — μεταξὺ φλυαροῦντας, s. zu I, 17.
30. Θάρρει τούτου γε ἕνεκα. Ebenso Pisc. 9: θαρρεῖτε τούτου γε ἕνεκα u. s. — ἐν τῇ γῇ αὐτὸν ἀεὶ κατ. ἀν. πρὸς ὑμᾶς, wir: denn jedesmal lasse ich ihn in der Erde zurück, wenn u. s. w. — ἐπικλει-

ἐπικλεισάμενον τὴν θύραν, ἀνοίγειν δὲ μηδενί, ἢν μὴ ἀκούσῃ ἐμοῦ βοήσαντος.

*ΕΡΜ.* Οὐκοῦν ἐπιβαίνωμεν ἤδη τῆς Ἀττικῆς· καί μοι ἕπου ἐχόμενος τῆς χλαμύδος, ἄχρι ἂν πρὸς τὴν ἐσχατιὰν ἀφίκωμαι.

*ΠΛΟΥΤ.* Εὖ ποιεῖς, ὦ Ἑρμῆ, χειραγωγῶν· ἐπεὶ ἤν γε ἀπολίπῃς με, Ὑπερβόλῳ τάχα ἢ Κλέωνι ἐμπεσοῦμαι περινοστῶν. ἀλλὰ τίς ὁ ψόφος οὗτός ἐστι καθάπερ σιδήρου πρὸς λίθον;

31. *ΕΡΜ.* Ὁ Τίμων οὑτοσὶ σκάπτει πλησίον ὀρεινὸν καὶ ὑπόλιθον γῄδιον. παπαῖ, καὶ ἡ Πενία πάρεστι καὶ ὁ Πόνος ἐκεῖνος, ἡ Καρτερία τε καὶ ἡ Σοφία καὶ ἡ Ἀνδρεία καὶ ὁ τοιοῦτος ὄχλος τῶν ὑπὸ τῷ Λιμῷ ταττομένων ἁπάντων, πολὺ ἀμείνους τῶν σῶν δορυφόρων.

*ΠΛΟΥΤ.* Τί οὖν οὐκ ἀπαλλαττόμεθα, ὦ Ἑρμῆ, τὴν ταχίστην; οὐ γὰρ ἄν τι ἡμεῖς δράσαιμεν ἀξιόλογον πρὸς ἄνδρα ὑπὸ τηλικούτου στρατοπέδου περιεσχημένον.

*ΕΡΜ.* Ἄλλως ἔδοξε τῷ Διί· μὴ ἀποδειλιῶμεν οὖν.

32. *ΠΕΝ.* Ποῖ τοῦτον ἀπάγεις, ὦ Ἀργειφόντα, χειραγωγῶν;

*ΕΡΜ.* Ἐπὶ τουτονὶ τὸν Τίμωνα ἐπέμφθημεν ὑπὸ τοῦ Διός.

*ΠΕΝ.* Νῦν ὁ Πλοῦτος ἐπὶ Τίμωνα, ὁπότε αὐτὸν ἐγὼ κα-

---

σάμενον. Ebenso im Medium Tox. 50. Philops. 25. Epist. Sat. 32.; im Activ. Conv. 20. — ἐπιβαίνωμεν, wir wollen betreten, Kr. Gr. §. 54, 2, 1. Vgl. c. 33. III, 1. IV, 4. — ἐχόμενος, dich festhaltend an. — εὖ ποιεῖς χειραγωγῶν, du thuest wohl daran, dass du, es ist ein Glück, dass du. Vgl. c. 45. De conscr. hist. 20: εὖ γε ἐποίησε μὴ ὁμόσε χωρήσας. Catapl. 27. Kr. Gr. §. 56, 8, 1. — Ὑπερβόλῳ ἢ Κλέωνι. Zwei berüchtigte Demagogen aus der Zeit des peloponnesischen Krieges, die ihrer Schlechtigkeit wegen oft von Aristophanes verspottet werden.

31. οὑτοσί, deiktisch wie im Folgenden ἐκεῖνος. — ὁ τοιοῦτος ὄχλος. Ebenso Necyom. 11: ὁ τοιοῦτος ὅμιλος. — τῶν ὑπὸ τῷ Λι-

μῷ ταττομένων, der unter dem Commando des L. Stehenden; ebenso Pisc. 20. De merc. cond. 10. Jup. conf. 7. Jup. trag. 36 u. ö. Mit dem Accus., Adv. Indoct. 20: καὶ εἴ τις ἄλλος τῶν ὑπὸ τὸ ψεῦδος τεταγμένων. — τί οὖν οὐκ ἀπαλλαττόμεθα. Gewöhnlich steht in einer solchen Frage der Aorist, s. Kr. Gr. §. 53, 6, 2.; jedoch ist auch das Präsens nicht ungebräuchlich, Plat. Protag. p. 311 A: ἀλλὰ τί οὐ βαδίζομεν παρ' αὐτόν; Ueber den ähnlichen Gebrauch des *quin* s. Zumpt §. 542. — τὴν ταχίστην, sc. ὁδόν, auf schnellste, schleunigst.

32 Ἀργειφόντα, Beiwort des Hermes, weil er den den in eine Kuh verwandelte Jo bewachenden Argos tödtete. — ἐπὶ Τίμωνα,

3*

κῶς ἔχοντα ὑπὸ τῆς Τρυφῆς παραλαβοῦσα, τουτοισὶ παρα
δοῦσα, τῇ Σοφίᾳ καὶ τῷ Πόνῳ, γενναῖον ἄνδρα καὶ πολλοῦ
ἄξιον ἀπέδειξα; οὕτως ἄρα εὐκαταφρόνητος ὑμῖν ἡ Πενία δοκῶ
καὶ εὐαδίκητος, ὥσθ' ὃ μόνον κτῆμα εἶχον ἀφαιρεῖσθαί με,
ἀκριβῶς πρὸς ἀρετὴν ἐξειργασμένον, ἵν' αὖθις ὁ Πλοῦτος παραλαβὼν
αὐτὸν Ὕβρει καὶ Τύφῳ ἐγχειρίσας ὅμοιον τῷ πάλαι,
μαλθακὸν καὶ ἀγεννῆ καὶ ἀνόητον ἀποφήνας ἀποδῷ πάλιν ἐμοὶ
ῥάκος ἤδη γεγενημένον;
*ΕΡΜ*. Ἔδοξε ταῦτα, ὦ Πενία, τῷ Διί.

33. *ΠΕΝ*. Ἀπέρχομαι· καὶ ὑμεῖς δέ, ὦ Πόνε καὶ Σοφία
καὶ οἱ λοιποί, ἀκολουθεῖτέ μοι. οὗτος δὲ τάχα εἴσεται, οἵαν
με οὖσαν ἀπολείψει, ἀγαθὴν συνεργὸν καὶ διδάσκαλον τῶν
ἀρίστων, ᾗ συνὼν ὑγιεινὸς μὲν τὸ σῶμα, ἐρρωμένος δὲ τὴν
γνώμην διετέλεσεν, ἀνδρὸς βίον ζῶν καὶ πρὸς αὑτὸν ἀποβλέπων,
τὰ δὲ περιττὰ καὶ πολλὰ ταῦτα, ὥσπερ ἐστίν, ἀλλότρια
ὑπολαμβάνων.
*ΕΡΜ*. Ἀπέρχονται· ἡμεῖς δὲ προσίωμεν αὐτῷ.

34. *ΤΙΜ*. Τίνες ἐστέ, ὦ κατάρατοι; ἢ τί βουλόμενοι δεῦρο
ἥκετε ἄνδρα ἐργάτην καὶ μισθοφόρον ἐνοχλήσοντες; ἀλλ' οὐ
χαίροντες ἄπιτε μιαροὶ πάντες ὄντες· ἐγὼ γὰρ ὑμᾶς αὐτίκα
μάλα βάλλων τοῖς βώλοις καὶ τοῖς λίθοις συντρίψω.
*ΕΡΜ*. Μηδαμῶς, ὦ Τίμων, μὴ βάλῃς· οὐ γὰρ ἀνθρώ-

nāml. πέμπεται. — κακῶς ἔχοντα
ὑπὸ τῆς Τρυφῆς. ὑπό wegen des
passiven Sinnes von κακῶς ἔχειν.
Vgl. c. 55: ὑπὸ τοῦ ἀκράτου πονηρῶς
ἔχων. Ebenso ὑπὸ τοῦ
παιδὸς ἀπέθανεν Gall. 35. IV, 13
u. ö. — οὕτως ἄρα, adeone igitur.
Tox. 38. — ἀγεννῆ, im Gegensatz
zu γενναῖον. — ῥάκος, unser
'Lump'; vgl. Pseudol. 18.
33. καὶ ὑμεῖς δέ, und od. aber
auch ihr, der gewöhnliche Gebrauch
von καί.. δέ, mit Einschiebung
des betonten, einem vorhergehenden
entgegengesetzten, Begriffes. — οἱ λοιποί, ihr Uebrigen.
So wird oft οἱ ἄλλοι oder
λοιποί durch καί mit dem Vocativ
verbunden; Kr. Gr. §. 45, 2,
8. — οἵαν με οὖσαν ἀπολείψει,
d. i. was er an mir verlieren wird.
— ἐρρωμένος τὴν γνώμην, stark

an Geist. — διετέλεσεν, ohne
ὤν, s. Kr. Gr. §, 56, 5, 4. Ebenso
bei τυγχάνω Vit. auct. 19. —
πρὸς αὐτὸν ἀποβλέπων, d. i. seiner
eigenen Kraft vertrauend.
Vgl. c. 36: ἐξ αὑτοῦ ἐμοῦ τὰς ἐλπίδας
ἀπαρτήσασά μοι τοῦ βίου.
Bis acc. 21: κατηνάγκασε ταύτης
μὲν ἀπέχεσθαι, πρὸς ἑαυτὴν δὲ
ἀποβλέπειν. — ὥσπερ ἐστίν, nāml.
ἀλλότρια, wie es wirklich ist.
34. οὐ χαίροντες, nicht ungestraft.
Litotes. — μιαροὶ πάντες
ὄντες, ihr Schurken, die
ihr alle seid. — τοῖς βώλοις.
Dieses Wort kommt als mascul.
nur bei Späteren vor; ebenso
Plut. Alex. 27. Ausserdem steht
hier der Artikel, weil hier die
Erdschollen und Steine gemeint
sind, welche sich daselbst befinden.
Vgl. c. 45. Pisc. 32: αὐτὸν

πους όντας βαλείς, άλλ' εγώ μεν Ερμής είμι, ουτοσί δε ο Πλούτος· έπεμψε δε ο Ζευς επακούσας των ευχών. ώστε αγαθή τύχη δέχου τον όλβον αποστάς των πόνων.

TIM. Και υμείς οιμώξεσθε ήδη καίτοι θεοί όντες, ως φατε· πάντας γάρ άμα και ανθρώπους και θεούς μισώ, τουτονί δε τον τυφλόν, όστις αν η, και επιτρίψειν μοι δοκώ τη δικέλλη.

ΠΛΟΥΤ. Απίωμεν, ω Ερμή, προς του Διός· μελαγχολάν γαρ ο άνθρωπος ου μετρίως μοι δοκεί, μή τι κακόν απέλθω προσλαβών.

35. ΕΡΜ. Μηδέν σκαιόν, ω Τίμων, αλλά το πάνυ τούτο 35 άγριον και τραχύ καταβαλών προτείνας τώ χείρε λάμβανε την αγαθήν τύχην και πλούτει πάλιν και ίσθι Αθηναίων τα πρώτα και υπερόρα των αχαρίστων εκείνων μόνος αυτός ευδαιμονών.

TIM. Ουδέν υμών δέομαι· μη ενοχλείτέ μοι· ικανός εμοί πλούτος η δίκελλα· τα δ' άλλα ευδαιμονέστατός είμι, μηδενός μοι πλησιάζοντος.

ΕΡΜ. Ούτως, ω τάν, απανθρώπως;
τόνδε φέρω Διὶ μῦθον απηνέα τε κρατερόν τε;
και μην εικός ην μισάνθρωπον μεν είναι σε τοσαύτα υπ' αυτών δεινά πεπονθότα, μισόθεον δε μηδαμώς, ούτως επιμελουμένων σου των θεών.

36. TIM. Αλλά σοί μεν, ω Ερμή, και τώ Διὶ πλείστη χά- 36 ρις της επιμελείας, τουτονί δε τον Πλούτον ουκ αν λάβοιμι.

απεδίωξε παίων τοις ξύλοις. 44.
— αγαθή τύχη, wir: in Gottes Namen. — καίτοι mit dem Partic., wie bei den Attikern καίπερ, ist bei Späteren häufg. — επιτρίψειν μοι δοκώ, gedenke ich, will ich. cap. 42. Pisc. 29: προσθήσειν μοι δοκώ. 39. Catapl. 26. Rhet. praec. 7. u. ö. Ebenso έοικα mit dem Infin. des Fut. IV, 6. — ου μετρίως, d. i. in hohem Grade.
35. μηδέν σκαιόν, näml. ποίει. Ebenso wir. Vgl. μηδέν άγαν, μηδέν προς οργήν u. ähnl. — το πάνυ τούτο άγριον. Toxar. 7: κατά τους πολλούς τούτους ανθρώπους. ebend. 9. 8. oben zu

6. — καταβαλών, ablegend. — τα πρώτα, die Hauptperson. c. 55: κολάκων εστί τα πρώτα. Hipp. 3: ο δε μηχανικών ων τα πρώτα. Kr. Gr. §. 43, 4, 14. — μόνος αυτός, allein für deine Person. Dial. deor. 15, 3. Harmon. 3. u. s. — τόνδε φέρω κτέ. aus Homer. Il. 15, 202. — εικός ην. Wir brauchen hier im Deutschen das Praesens.— αυτών, in Bezug auf das in μισάνθρωπον liegende ανθρώπων. Vergl. zu c. 42.
36. αλλά häufig zu Anfange einer Antwort, um nachdrücklich zu bejahen, unser nun ja, ei. — της επιμελείας, für euere Sorge.

*ΕΡΜ.* Τί δή;

*ΤΙΜ.* Ότι καὶ πάλαι μυρίων μοι κακῶν αἴτιος οὗτος κατέστη κόλαξί τε παραδοὺς καὶ ἐπιβούλους ἐπαγαγὼν καὶ μῖσος ἐπεγείρας καὶ ἡδυπαθείᾳ διαφθείρας καὶ ἐπίφθονον ἀποφήνας, τέλος δὲ ἄφνω καταλιπὼν οὕτως ἀπίστως καὶ προδοτικῶς· ἡ βελτίστη δὲ Πενία πόνοις με τοῖς ἀνδρικωτάτοις καταγυμνάσασα καὶ μετ' ἀληθείας καὶ παρρησίας προσομιλοῦσα τά τε ἀναγκαῖα κάμνοντι παρεῖχε καὶ τῶν πολλῶν ἐκείνων καταφρονεῖν ἐπαίδευεν ἐξ αὐτοῦ ἐμοῦ τὰς ἐλπίδας ἀπαρτήσασά μοι τοῦ βίου καὶ δείξασα ὅστις ἦν ὁ πλοῦτος ὁ ἐμός, ὃν οὔτε κόλαξ θωπεύων οὔτε συκοφάντης φοβῶν, οὐ δῆμος παροξυνθείς, οὐκ ἐκκλησιαστὴς ψηφοφορήσας, οὐ τύραννος ἐπιβουλεύσας ἀφελέσθαι δύναιτ' ἄν. 37. ἐρρωμένος τοιγαροῦν ὑπὸ τῶν πόνων τὸν ἀγρὸν τουτονὶ φιλοπόνως ἐργαζόμενος, οὐδὲν ὁρῶν τῶν ἐν ἄστει κακῶν, ἱκανὰ καὶ διαρκῆ ἔχω τὰ ἄλφιτα παρὰ τῆς δικέλλης. ὥστε παλίνδρομος, ὦ Ἑρμῆ, ἄπιθι τὸν Πλοῦτον ἀπάγων τῷ Διί· ἐμοὶ δὲ τοῦτο ἱκανὸν ἦν, πάντας ἀνθρώπους ἡβηδὸν οἰμώζειν ποιῆσαι.

*ΕΡΜ.* Μηδαμῶς, ὠγαθέ· οὐ γὰρ πάντες εἰσὶν ἐπιτήδειοι πρὸς οἰμωγήν. ἀλλ' ἔα τὰ ὀργίλα ταῦτα καὶ μειρακιώδη καὶ τὸν Πλοῦτον παράλαβε. οὔτοι ἀπόβλητά ἐστι τὰ δῶρα τὰ παρὰ τοῦ Διός.

*ΠΛΟΥΤ.* Βούλει, ὦ Τίμων, δικαιολογήσομαι πρὸς σέ; ἢ χαλεπαίνεις μοι λέγοντι;

— τί δή; wie so denn? weswegen denn? — καὶ πάλαι, schon ehedem, καί zur Verstärkung von πάλαι; ebenso Tox. 16 u. s. — τέλος, s. zu I, 6. — τῶν πολλῶν ἐκείνων, jenen Ueberfluss; vgl. oben c. 33. — ἐξ αὑτοῦ ἐμοῦ κτέ., s. zu c. 33 πρὸς αὐτὸν ἀποβλέπων. ἐκ steht wie ἀπό bei den Verb. des Anknüpfens, Abhangenlassen. — ἐκκλησιαστής, Redner in der Volksversammlung.
37. ἄλφιτα, Lebensunterhalt. — ἱκανὸν ἦν, es würde hinlänglich sein, ich würde zufrieden sein. Ebenso ἐχρῆν c. 38., καλῶς εἶχεν, εἰκὸς ἦν, συνέβαινε u. ähnl. oft; s. Kr. Gr. §.

53, 2, 7. Es ist an kein ausgelassenes ἄν zu denken. In Bezug auf das Latein. Zumpt §. 518. — πάντας ἀνθρώπους ἡβηδόν, d. i. alle Menschen, die im Mannesalter stehen. Vit. auct. 14: ἐγὼ δὲ κέλομαι πᾶσιν ἡβηδὸν οἰμώζειν. Eine bei Historikern nicht seltene Ausdrucksweise. — τὰ ὀργίλα ταῦτα καὶ μειρακιώδη, d. i. diese Ausbrüche des Zornes und Muthwillens. — οὔτοι ἀπόβλητα. Anspielung auf Hom. Il. 3, 65: οὔτοι ἀπόβλητ' ἐστὶ θεῶν ἐρικυδέα δῶρα. — βούλει .. δικαιολογήσομαι. Nach der att. Redeweise müsste es δικαιολογήσωμαι heissen (s. Kr. Gr. §. 54, 2, 3.). Häufig nämlich steht der Conjunctiv

*TIM.* Λέγε, μὴ μακρὰ μέντοι, μηδὲ μετὰ προοιμίων, ὥσπερ οἱ ἐπίτριπτοι ῥήτορες· ἀνέξομαι γάρ σε ὀλίγα λέγοντα διὰ τὸν Ἑρμῆν τουτονί.

38. *ΠΛΟΥΤ.* Ἐχρῆν μὲν ἴσως καὶ μακρὰ εἰπεῖν πρὸς οὕτω πολλὰ ὑπὸ σοῦ κατηγορηθέντα· ὅμως δὲ ὅρα εἴ τί σε, ὡς φῄς, ἠδίκηκα, ὃς τῶν μὲν ἡδίστων ἁπάντων αἴτιός σοι κατέστην, τιμῆς καὶ προεδρίας καὶ στεφάνων καὶ τῆς ἄλλης τρυφῆς, περίβλεπτός τε καὶ ἀοίδιμος δι' ἐμὲ ἦσθα καὶ περισπούδαστος· εἰ δέ τι χαλεπὸν ἐκ τῶν κολάκων πέπονθας, ἀναίτιος ἐγώ σοι· μᾶλλον δὲ αὐτὸς ἠδίκημαι τοῦτο ὑπὸ σοῦ, διότι με οὕτως ἀτίμως ὑπέβαλες ἀνδράσι καταράτοις ἐπαινοῦσι καὶ καταγοητεύουσι καὶ πάντα τρόπον ἐπιβουλεύουσί μοι. καὶ τό γε τελευταῖον ἔφησθα, ὡς προδέδωκά σε· τοὐναντίον δ' ἂν αὐτὸς ἐγκαλέσαιμί σοι πάντα τρόπον ἀπελαθεὶς ὑπὸ σοῦ καὶ ἐπὶ κεφαλὴν ἐξωσθεὶς τῆς οἰκίας. τοιγαροῦν ἀντὶ μαλακῆς χλανίδος ταύτην τὴν διφθέραν ἡ τιμιωτάτη σοι Πενία περιτέθεικεν. ὥστε μάρτυς ὁ Ἑρμῆς οὑτοσί, πῶς ἱκέτευον τὸν Δία μηκέθ' ἥκειν παρὰ δὲ οὕτω δυσμενῶς μοι προσενηνεγμένον.

39. *ΕΡΜ.* Ἀλλὰ νῦν ὁρᾷς, ὦ Πλοῦτε, οἷος ἤδη γεγένη-

ται; ώστε θαρρών ξυνδιάτριβε αύτώ· και συ μεν σκάπτε ώς έχεις· συ δε τον Θησαυρον υπάγαγε τη δικέλλη· υπακούσεται γαρ έμβοήσαντί σοι.

ΤΙΜ. Πειστέον, ώ Έρμη, και αύθις πλουτητέον. τί γαρ αν και πάθοι τις, όπότε οι θεοί βιάζοιντο; πλην όρα γε, ές οία με πράγματα έμβάλλεις τον κακοδαίμονα, ος άχρι νυν ευδαιμονέστατα διάγων χρυσόν άφνω τοσούτον λήψομαι ουδέν άδικήσας και τοσαύτας φροντίδας αναδέξομαι.

40. ΕΡΜ. Ύπόστηθι, ώ Τίμων, δι' εμέ, και ει χαλεπόν τούτο και ουκ οίστόν έστιν, όπως οι κόλακες εκείνοι διαρραγώσιν υπό του φθόνου· εγώ δε υπέρ την Αίτνην ές τον ουρανόν άναπτήσομαι.

ΠΛΟΥΤ. Ό μεν άπελήλυθεν, ώς δοκεί· τεκμαίρομαι γαρ τη ειρεσία των πτερών· συ δε αυτού περίμενε· άναπέμψω γάρ σοι τον Θησαυρόν άπελθών· μάλλον δε παίε. σέ φημι, Θησαυρέ χρυσού, υπάκουσον Τίμωνι τουτωί και παράσχες σεαυτόν άνελέσθαι. σκάπτε, ώ Τίμων, βαθείας καταφέρων. έγώ δε υμίν υπεκστήσομαι.

41. ΤΙΜ. Άγε, ώ δίκελλα, νυν μοι επίρρωσον σεαυτήν και μη κάμης εκ του βάθους τον Θησαυρον ές τουμφανές προ-

---

hat. — συ μέν, Timon. — ώς ίχιις, wie du da bist, unverzüglich, ut oder sicut cs. Necyom. 7: έπανάγει(με) ες την οικίαν, ώς είχον, άναποδίζοντα. Hermot. 63: συ δ' ώς έχεις προχώρει ές το πρόσθεν της οδού u. ö. — τί γαρ αν και πάθοι τις, denn was soll man wol machen. IV, 2: τί γαρ αν και πάθοι τις, οπότε φίλος τις ων βιάζοιτο; u. ebenso Necyom. 3. Dial. deor. 20, 9. — πράγματα, Unannehmlichkeiten. — άχρι νυν, bis jetzt, und μέχρι νυν finden sich erst bei späteren Schriftstellern.

40. δι' εμέ, mir zu Gefallen, wie c. 37 zu E. — και εί, auch od. selbst wenn, etiamsi. — όπως κτέ., schliesst an ύπόστηθι an. Vgl. invidia rumpantur ut ilia Codro bei Vergil. διαρραγήναι

unser 'bersten'. — υπό του φθόνου, prae sua invidia. Ebenso υπό της αισχύνης Rhet. praec. 19. υπό της οδύνης Tox. 61. υπό του κρύους Catapl. 20. Bei Aristophanes ö. υπό του δέους u. ähnl. Ohne Artikel υπό φθόνου Dial. mar. 1, 2. Hermot. 63 u. s. — υπέρ την Αίτνην. Warum in dieser Richtung? Vgl. c. 19. — ώς δοκεί. Warum dieser Zusatz? — τη ειρεσία των πτερών. Ebenso Vergil. Aen. 6, 19: remigium alarum. — μάλλον δέ. s. zu c. 5. — παράσχες σεαυτόν άνελέσθαι, lass dich. Kr. Gr. §. 55, 3, 20. Vit. auct. 2: πάρεχε σαυτόν άναθεωρείν. — βαθείας καταφέρων, näml. τας πληγάς. cap. 53: κατοίσω γάρ σοι και τρίτην. Vgl. Kr. Gr. §. 60, 7, 4. — υμίν, Timon u. Thesauros.

41. μη κάμης . . προκαλουμένη,

καλουμένη. ὦ Ζεῦ τεράστιε καὶ φίλοι Κορύβαντες καὶ Ἑρμῆ κερδῷε, πόθεν τοσοῦτον χρυσίον; ἤ που ὄναρ ταῦτά ἐστι; δέδια γοῦν μὴ ἄνθρακας εὕρω ἀνεγρόμενος· ἀλλὰ μὴν χρυσίον ἐστὶν ἐπίσημον, ὑπέρυθρον, βαρὺ καὶ τὴν πρόσοψιν ὑπερήδιστον. ὦ χρυσέ, δεξίωμα κάλλιστον βροτοῖς. αἰθόμενον γὰρ πῦρ ἅτε διαπρέπεις καὶ νύκτωρ καὶ μεθ᾽ ἡμέραν. ἐλθέ, ὦ φίλτατε καὶ ἐρασμιώτατε. νῦν πείθομαί γε καὶ Δία ποτὲ γενέσθαι χρυσόν· τίς γὰρ οὐκ ἂν παρθένος ἀναπεπταμένοις τοῖς κόλποις ὑπεδέξατο οὕτω καλὸν ἐραστὴν διὰ τοῦ τέγους καταρρέοντα; 42. ὦ Μίδα καὶ Κροῖσε καὶ τὰ ἐν Δελ- 42 φοῖς ἀναθήματα ὡς οὐδὲν ἄρα ἦτε ὡς πρὸς Τίμωνα καὶ τὸν Τίμωνος πλοῦτον, ᾧ γε οὐδὲ ὁ βασιλεὺς ὁ Περσῶν ἴσος. ὦ δίκελλα καὶ φιλτάτη διφθέρα, ὑμᾶς μὲν τῷ Πανὶ τούτῳ ἀναθεῖναι καλόν· αὐτὸς δὲ ἤδη πᾶσαν πριάμενος τὴν ἐσχατιάν, πυργίον οἰκοδομησάμενος ὑπὲρ τοῦ θησαυροῦ, μόνῳ ἐμοὶ ἱκανὸν ἐνδιαιτᾶσθαι, τὸν αὐτὸν καὶ τάφον ἀποθανὼν ἕξειν μοι

ermüde nicht, lass nicht ab, zu.. — τεράστιε, so genannt, weil er die Wunderzeichen, als welches hier Timon die Auffindung des Schatzes ansieht, erscheinen lässt. Ein sonst seltenes Beiwort. — Κορύβαντες, die Priester der Kybele in Phrygien, welche ihren Dienst mit lärmender Musik und rasenden Gebehrden begingen. Tim. ruft sie an, weil ihm etwas Unerwartetes, so dass er ausser sich kommen könne, zugestossen ist. — κερδῷε, s. zu c. 24. — μὴ ἄνθρακας κτέ., auch jetzt noch ein Volksglaube, dass ein gefundener Schatz sich in Kohlen verwandele. — ἀλλὰ μήν, aber wahrhaftig. — ὦ χρυσέ κτέ. Jambischer Trimeter aus des Euripides Danaë fr. 326 Nauck. — δεξίωμα, willkommenes Geschenk. — αἰθόμενον.. διαπρέπεις aus Pind. Ol. 1 z. A. — μεθ᾽ ἡμέραν, s. zu c. 16. — Δία γενέσθαι χρυσόν. Zeus soll sich in der Gestalt eines goldenen Regens der Danaë (s. zu c. 13.) genähert haben.
42. ὦ Μίδα, König von Phrygien, bekannt wegen seines Reichthums. — τὰ ἐν Δελφοῖς ἀναθήματα. In dem Tempel zu Delphi, der berühmtesten Stadt in Phokis, befanden sich unermessliche Reichthümer, die schon in homerischer Zeit sprichwörtlich waren. — ὡς οὐδὲν ἄρα ἦτε, wie seid ihr doch nichts. So steht oft ἦν, besonders mit ἄρα, scheinbar für das Präsens, um anzudeuten, dass man die Wahrheit des Satzes früher nicht erkannt habe, jetzt aber einsehe (Kr. Gr. §. 53, 2, 6.). Conviv. 34: οὐδὲν ὄφελος ἦν ἄρα ἐπίστασθαι τὰ μαθήματα. — ὡς πρὸς Τίμ., s. zu c. 15. — τῷ Πανὶ τούτῳ, diesem Pan, d. i. dieser Bildsäule des Pan, die sich dort befand. Es war Sitte bei den Alten, dass, wenn Jemand seine frühere Beschäftigung änderte, er die Abzeichen derselben dem Gotte weihte, der derselben vorstand. — ἐσχατιά, ein von der Stadt entlegenes Landstück am Meeresufer, hier bei Halä. — πυργίον. Pausanias 1; 30 erwähnt dieses Thurmes. — τὸν αὐτόν bezieht sich nur dem Sinne nach auf

δοκῶ. δεδόχθω δὲ ταῦτα καὶ νενομοθετήσθω πρὸς τὸν ἐπίλοιπον βίον, ἀμιξία πρὸς ἅπαντας καὶ ἀγνωσία καὶ ὑπεροψία· φίλος δὲ ἢ ξένος ἢ ἑταῖρος ἢ Ἐλέου βωμὸς ὕθλος πολύς· καὶ τὸ οἰκτεῖραι δακρύοντα ἢ ἐπικουρῆσαι δεομένῳ παρανομία καὶ κατάλυσις τῶν ἐθῶν· μονήρης δὲ ἡ δίαιτα καθάπερ τοῖς λύκοις, καὶ φίλος εἷς Τίμων. 43. οἱ δὲ ἄλλοι πάντες ἐχθροὶ καὶ ἐπίβουλοι· καὶ τὸ προσομιλῆσαί τινι αὐτῶν μίασμα· καὶ ἥν τινα ἴδω μόνον, ἀποφρὰς ἡ ἡμέρα· καὶ ὅλως ἀνδριάντων λιθίνων ἢ χαλκῶν μηδὲν ἡμῖν διαφερέτωσαν· καὶ μήτε κήρυκα δεχώμεθα παρ' αὐτῶν μήτε σπονδὰς σπενδώμεθα· ἡ ἐρημία δὲ ὅρος ἔστω πρὸς αὐτούς. φυλέται δὲ καὶ φράτερες καὶ δημόται καὶ ἡ πατρὶς αὐτὴ ψυχρὰ καὶ ἀνωφελῆ ὀνόματα καὶ ἀνοήτων ἀνδρῶν φιλοτιμήματα. πλουτείτω δὲ Τίμων μόνος καὶ ὑπεροράτω ἁπάντων καὶ τρυφάτω μόνος καθ' ἑαυτὸν κολακείας καὶ ἐπαίνων φορτικῶν ἀπηλλαγμένος· καὶ θεοῖς θυέτω καὶ εὐωχείσθω μόνος, ἑαυτῷ γείτων καὶ ὅμορος, ἐκσείων τὰ τῶν ἄλλων. καὶ ἅπαξ ἑαυτὸν δεξιώσασθαι δεδόχθω, ἢν δέῃ ἀποθανεῖν, καὶ αὐτῷ στέφανον ἐπενεγκεῖν. 44. καὶ ὄνομα μὲν ἔστω ὁ Μισάνθρωπος ἥδιστον, τοῦ τρόπου δὲ γνωρίσματα δυσκολία καὶ τραχύτης καὶ σκαιότης καὶ ὀργὴ καὶ ἀπανθρωπία· εἰ δέ τινα ἴδοιμι ἐν πυρὶ διαφθειρόμενον καὶ κατασβεννύναι ἱκετεύοντα, πίττῃ καὶ ἐλαίῳ κατασβεννύναι· καὶ ἥν

πυργίον = πύργον; Art Attraction. Dial. mort. 28, 2: οὐ γὰρ ἀκήκοας τῆς Εὐριπίδου Μηδείας, οἷα εἶπεν οἰκτείρουσα τὸ γυναικεῖον, ὡς ἀθλίας οὔσας (näml. τὰς γυναῖκας) καὶ κτέ. vgl. ebend. 15, 2 u. ö. — ἕξειν μοι δοκῶ, s. zu c. 34. — ταῦτα beziebt sich auf das Folgende ἀμιξία u. s. w. — Ἐλέου βωμός. Dieser Altar des Mitleids befand sich auf dem Markte von Athen und war uralt. Vgl. Bis acc. 21. Demon. 57. Paus. 1, 17, 1. — ὕθλος πολύς, lauter Possen. — τοῖς λύκοις, vgl. Saturn. 34.
43. μόνον gehört zu ἴδω. — ἀποφρὰς ἡ ἡμέρα, Unglückstag, dies nefastus. — καὶ ὅλως, s. zu I, 10. — σπονδὰς σπενδώμεθα, s. zu c.'48.— φυλέται, Mitglieder derselben φυλή, einer Volksabtheilung, tribus, deren es anfangs vier, dann zehn gab; φράτερες, Mitglieder derselben φρατρία, deren drei eine φυλή bildeten; δημόται Mitglieder desselben δῆμος, deren mehrere zu einer φυλή gehörten. — μόνος καθ' ἑαυτόν, allein für sich. — τὰ τῶν ἄλλων. Diese Ausdrucksweise bezeichnet den Begriff selbst mit Allem was dazu gehört. — καὶ ἅπαξ δεδ., und ein für allemal sei beschlossen. — ἑαυτὸν δεξιώσασθαι; sich selbst die Hand zum Abschiede reichen. Ebenso steht das Wort bei Xen. Cyr. 8, 7, 28. — στέφανον ἐπενεγκεῖν. Es war Sitte den Todten, gleichsam als Siegern, einen Kranz aufzusetzen. ἐπιφέρειν, in der Bed., 'aufsetzen' erst bei Späteren; gerade so wie hier bei Plut. Pericl. 36 z. E.
44. κατασβεννύναι und ὠθεῖν

τινα τοῦ χειμῶνος ὁ ποταμὸς παραφέρῃ, ὁ δὲ τὰς χεῖρας ὀρέγων ἀντιλαβέσθαι δέηται, ὠθεῖν καὶ τοῦτον ἐπὶ κεφαλὴν βαπτίζοντα, ὡς μηδὲ ἀνακῦψαι δυνηθείη· οὕτω γὰρ ἂν τὴν ἴσην ἀπολάβοιεν. εἰσηγήσατο τὸν νόμον Τίμων Ἐχεκρατίδου Κολλυτεύς, ἐπεψήφισε τῇ ἐκκλησίᾳ Τίμων ὁ αὐτός. εἶεν, ταῦτα ἡμῖν δεδόχθω καὶ ἀνδρικῶς ἐμμένωμεν αὐτοῖς. 45. πλὴν ἀλλὰ 45 περὶ πολλοῦ ἂν ποιησαίμην ἅπασι γνώριμά πως ταῦτα γενέσθαι, διότι ὑπερπλουτῶ· ἀγχόνη γὰρ ἂν τὸ πρᾶγμα γένοιτο αὐτοῖς. καίτοι τί τοῦτο; φεῦ τοῦ τάχους. πανταχόθεν συνθέουσι κεκονιμένοι καὶ πνευστιῶντες, οὐκ οἶδα ὅθεν ὀσφραινόμενοι τοῦ χρυσίου. πότερον οὖν ἐπὶ τὸν πάγον τοῦτον ἀναβὰς ἀπελαύνω αὐτοὺς τοῖς λίθοις ἐξ ὑπερδεξίων ἀκροβολιζόμενος, ἢ τό γε τοσοῦτον παρανομήσωμεν εἰσάπαξ αὐτοῖς ὁμιλήσαντες, ὡς πλέον ἀνιῷντο ὑπερορώμενοι; τοῦτο οἶμαι καὶ ἄμεινον. ὥστε δεχώμεθα ἤδη αὐτοὺς ὑποστάντες. φέρ' ἴδω, τίς ὁ πρῶτος αὐτῶν οὗτός ἐστι; Γναθωνίδης ὁ κόλαξ, ὁ πρῴην ἔρανον αἰτήσαντί μοι ὀρέξας τὸν βρόχον, πίθους ὅλους παρ' ἐμοὶ πολλάκις ἐμημεκώς. ἀλλ' εὖ γε ἐποίησεν ἀφικόμενος· οἰμώξεται γὰρ πρὸ τῶν ἄλλων.

hängen noch von δεδόχθω ab. — τοῦ χειμῶνος, zur Winterzeit. Catapl. 15: ῥιγοῦν τοῦ χειμῶνός α. ὅ. — τὴν ἴσην näml. μοῖραν. Vgl. ἐπ' ἴσης, ἐπὶ τῇ ἴσῃ καὶ ὁμοίᾳ u. a. — εἰσηγήσατο, hat beantragt, eingebracht. — Ἐχεκρατίδου, ohne Artikel ὁ Ἐχ. So besonders in Beschlüssen und Staatsschriften. Vgl. Kr. Gr. §. 47, 5, 4. — ἐπιψηφίζειν, abstimmen lassen, zur Abstimmung vorlegen. Dieses war Sache des Vorsitzenden (ἐπιστάτης), später mehrerer (πρόεδροι). Komisch vereinigt hier Timon die Person des Antragstellers u. Vorsitzenden in sich. — τῇ ἐκκλησίᾳ. Derselbe Dativus steht bei ἐπιψηφίζειν bei Diog. Laert. 7, 10. Regelmässig sagt man ἐπιψηφίζειν τινά. — εἶεν, nun gut.
45. περὶ πολλοῦ ἂν ποιησαίμην, ich würde viel darum geben; ἐποιησάμην, was bisher hier stand, bedeutet: ich hätte viel darum gegeben. περὶ πολλοῦ ποιεῖσθαι, über d. i. höher als Vieles schätzen; Kr. Gr. §. 68, 31, 5. — ταῦτα zu beziehen auf διότι ὑπερπλουτῶ. So öfter ταῦτα in Bezug auf einen einfachen Satz. — ἀγχόνη κτέ. d. i., würde ihnen den Hals zuschnüren. Ebenso βρόχος Pseudol. 19. — φεῦ τοῦ τάχους, s. zu c. 7. — οὐκ οἶδα ὅθεν oft so mitten in der Rede ausser der Construction, Tox. 33.; s. zu I, 18. — τοῦ χρυσίου. Pisc. 48: ὀσφρᾶται τοῦ χρυσίου. — ἀπελαύνω, soll ich forttreiben. — τοῖς λίθοις, s. zu c. 34. — ἐξ ὑπερδεξίων, von einem höher gelegenen Standpunkte aus. — τό γε τοσοῦτον, insoweit. — εἰσάπαξ, nur einmal. — ἀνιῷντο. Man sollte ἀνιῶνται erwarten; aber bei Luc. nicht zu ändern. — Γναθωνίδης. Ein in der neueren Comödie oft vorkommender Parasitenname ist Γνάθων. — ἐμημεκώς, komisch; dafür hätte man ἐκπεπωκώς erwartet.— εὖ γε ἐπ. ἀφικ., s. zu c. 30.

46. ΓΝΑΘ. Οὐκ ἐγὼ ἔλεγον, ὡς οὐκ ἀμελήσουσι Τίμωνος ἀγαθοῦ ἀνδρὸς οἱ θεοί; χαῖρε Τίμων εὐμορφότατε καὶ ἥδιστε καὶ συμποτικώτατε.

ΤΙΜ. Νὴ Δία καὶ σύ γε, ὦ Γναθωνίδη, γυπῶν ἁπάντων βορώτατε καὶ ἀνθρώπων ἐπιτριπτότατε.

ΓΝΑΘ. Ἀεὶ φιλοσκώμμων σύ γε. ἀλλὰ ποῦ τὸ συμπόσιον; ὡς καινόν τί σοι ᾆσμα τῶν νεοδιδάκτων διθυράμβων ἥκω κομίζων.

ΤΙΜ. Καὶ μὴν ἐλεγεῖά γε ᾄσῃ μάλα περιπαθῶς ὑπὸ ταύτῃ τῇ δικέλλῃ.

ΓΝΑΘ. Τί τοῦτο; παίεις, ὦ Τίμων; μαρτύρομαι· ὦ Ἡράκλεις, ἰοὺ ἰού, προσκαλοῦμαί σε τραύματος εἰς Ἄρειον πάγον.

ΤΙΜ. Καὶ μὴν ἄν γε μικρὸν ἐπιβραδύνῃς, φόνου τάχα προσκεκλήσομαι.

ΓΝΑΘ. Μηδαμῶς· ἀλλὰ σύ γε πάντως τὸ τραῦμα ἴασαι μικρὸν ἐπιπάσας τοῦ χρυσίου· δεινῶς γὰρ ἰσχαιμόν ἐστι τὸ φάρμακον.

ΤΙΜ. Ἔτι γὰρ μένεις;

ΓΝΑΘ. Ἄπειμι· σὺ δὲ οὐ χαιρήσεις οὕτω σκαιὸς ἐκ χρηστοῦ γενόμενος.

47. ΤΙΜ. Τίς οὗτός ἐστιν ὁ προσιών, ὁ ἀναφαλαντίας; Φιλιάδης, κολάκων ἁπάντων ὁ βδελυρώτατος. οὗτος δὲ ἀγρὸν ὅλον παρ' ἐμοῦ λαβὼν καὶ τῇ θυγατρὶ προῖκα δύο τάλαντα, μισθὸν τοῦ ἐπαίνου, ὁπότε ᾄσαντά με πάντων σιωπώντων μό-

---

46. καὶ σύ γε, näml. χαῖρε. — διθυράμβων. Eine Gattung der lyrischen Poesie im kühnsten und erhabensten, später sogar schwülstigen Stil, ausgezeichnet durch besondere Freiheit im Versmass. Gegenstand derselben war das Lob des Dionysos, später auch anderer Götter. Ursprünglich war der Dith. antistrophisch, dann monostrophisch, und wurde auch namentlich bei Gelagen gesungen. — ἐλεγεῖον hier = ἔλεγος, Klagelied. — περιπαθῶς, in heftiger Gemüthsbewegung. — ὑπό, unter Begleitung. — προσκαλοῦμαί σε τραύματος εἰς, ich klage dich der Verwundung an vor ..; vgl. Vit. auct. 7. — Ἄρειον πάγον. Der höchste Gerichtshof in Athen, der über Verwundungen, vorsätzlichen Mord, Brandstiftung und Giftmischerei erkannte. — ἐπιβραδύνῃς. Vielleicht ἔτι βραδύνῃς, wie ich zuerst vorgeschlagen habe. — προσκεκλήσομαι, nicht = προσκληθήσομαι, sondern von einer unverzüglich oder unfehlbar als abgeschlossen bevorstehenden Folge (Kr. Gr. §. 53, 9, 3.). — οὐ χαιρήσεις .. γενόμενος, du sollst dich nicht freuen, es soll dir übel bekommen, dass u. s. w. Jup. conf. 6: πλὴν οὐ χαιρήσουσί γε τὰ τοιαῦτα διεξιόντες.

νος ὑπερεπῄνεσεν ἐπομοσάμενος ᾠδικώτερον εἶναι τῶν κύκνων, ἐπειδὴ νοσοῦντα πρώην εἶδέ με καὶ προσῆλθον ἐπικουρίας δεόμενος, πληγὰς ὁ γενναῖος προσενέτεινεν.

48. ΦΙΛ. Ὦ τῆς ἀναισχυντίας. νῦν Τίμωνα γνωρίζετε; 48 νῦν Γναθωνίδης φίλος καὶ συμπότης; τοιγαροῦν δίκαια πέπονθεν οὗτος ἀχάριστος ὤν. ἡμεῖς δὲ οἱ πάλαι ξυνήθεις καὶ ξυνέφηβοι καὶ δημόται ὅμως μετριάζομεν, ὡς μὴ ἐπιπηδᾶν δοκῶμεν. χαῖρε, ὦ δέσποτα, καὶ ὅπως τοὺς μιαροὺς τούτους κόλακας φυλάξῃ, τοὺς ἐπὶ τῆς τραπέζης μόνον, τὰ ἄλλα δὲ κοράκων οὐδὲν διαφέροντας. οὐκέτι πιστευτέα τῶν νῦν οὐδενί· πάντες ἀχάριστοι καὶ πονηροί. ἐγὼ δὲ τάλαντόν σοι κομίζων, ὡς ἔχοις πρὸς τὰ κατεπείγοντα χρῆσθαι, καθ' ὁδὸν ἤδη πλησίον ἤκουσα, ὡς πλουτοίης ὑπερμεγέθη τινὰ πλοῦτον. ἥκω τοιγαροῦν ταυτά σε νουθετήσων· καίτοι σύ γε οὕτω σοφὸς ὢν οὐδὲν ἴσως δεήσῃ τῶν παρ' ἐμοῦ λόγων, ὃς καὶ τῷ Νέστορι τὸ δέον παραινέσειας ἄν.

ΤΙΜ. Ἔσται ταῦτα, ὦ Φιλιάδη. πλὴν ἀλλὰ πρόσιθι· καὶ σὲ φιλοφρονήσομαι τῇ δικέλλῃ.

ΦΙΛ. Ἄνθρωποι, κατέαγα τοῦ κρανίου ὑπὸ τοῦ ἀχαρίστου, διότι τὰ συμφέροντα ἐνουθέτουν αὐτόν.

47. τῶν κύκνων. Die Sage von singenden Schwänen ist durch das ganze Alterthum verbreitet. — ὁ γενναῖος, s. zu c. 22.

48. ὦ τῆς ἀναισχυντίας, s. zu c. 7. — ὅμως, dennoch, gleichwohl, obschon wir mehr Recht dazu hätten. — ἐπιπηδᾶν, daraufzuspringen, zudringlich sein. — ὅπως — φυλάξῃ, dass du dich hütest, hüte dich ja. Conviv. 5: ἀλλ' ὅπως μὴ πρὸς πολλοὺς ἐρεῖς. III, 5: ὅπως ὡς δεινότατα κατηγορήσεις μηδὲ καθυφήσῃ τι τῶν δικαίων. — τοὺς μιαρ. τούτ. κόλ., s. zu c. 6. — τοὺς ἐπὶ τῆς τραπέζης μόνον, näml. φίλους ὄντας. Eine solche Sprechweise hat im Dialog nichts Auffälliges. — οὐδέν, in nichts. — πιστευτέα. Neutrum des Plur. der Verbalia auf τέος für den Singular. Lexiphan. 2: καὶ ἤδη γε ἀπιτητέα. 20: βοηθητέα τῷ ἀνδρί. Oft findet sich dieser Sprachgebrauch bei Thukydides. — τὰ κατεπείγοντα, die dringendsten Bedürfnisse. — καθ' ὁδόν, unterwegs. — πλουτοίης ὑπερμεγέθη τινὰ πλοῦτον, ebenso III, 15., s. zu IV, 11. Dagegen steht oben cap. 43 ohne nähere Bestimmung σπονδὰς σπενδώμεθα, weil der Plural gebraucht ist; vgl. Kr. Gr. §. 46, 5, 2. — ταῦτα bezieht sich auf die Rathschläge, die nun folgen sollten, die aber Philiades weglässt, da Timon ein so weiser Mann sei. — οὐδὲν δεήσῃ τῶν κτέ., Icarom. c. 14: καὶ μὴν οὐδέν γε ἐμοῦ δεήσει. — Νέστορι. Fürst von Pylos, der weiseste und älteste unter den Helden vor Troja, denen er stets mit seinem Rathe beistand. — καὶ σέ, auch dich. — κατέαγα τοῦ κρανίου, partitiver Genetiv. IV, 5: ξυντριβέντες τῶν κρανίων. Aristoph.

49. ΤΙΜ. Ἰδοὺ τρίτος οὗτος ὁ ῥήτωρ Δημέας προσέρχεται ψήφισμα ἔχων ἐν τῇ δεξιᾷ καὶ συγγενὴς ἡμέτερος εἶναι λέγων. οὗτος ἐκκαίδεκα παρ᾽ ἐμοῦ τάλαντα μιᾶς ἡμέρας ἐκτίσας τῇ πόλει — κατεδεδίκαστο γὰρ καὶ ἐδέδετο οὐκ ἀποδιδούς, κἀγὼ ἐλεήσας ἐλυσάμην αὐτόν — ἐπειδὴ πρῴην ἔλαχε τῇ Ἐρεχθηίδι φυλῇ διανέμειν τὸ θεωρικὸν κἀγὼ προσῆλθον αἰτῶν τὸ γινόμενον, οὐκ ἔφη γνωρίζειν πολίτην ὄντα με.

50. ΔΗΜ. Χαῖρε, ὦ Τίμων, τὸ μέγα ὄφελος τοῦ γένους, τὸ ἔρεισμα τῶν Ἀθηναίων, τὸ πρόβλημα τῆς Ἑλλάδος· καὶ μὴν πάλαι σε ὁ δῆμος ξυνειλεγμένος καὶ αἱ βουλαὶ ἀμφότεραι περιμένουσι. πρότερον δὲ ἄκουσον τὸ ψήφισμα, ὃ ὑπὲρ σοῦ γέγραφα· „Ἐπειδὴ Τίμων [ὁ] Ἐχεκρατίδου Κολλυτεύς, ἀνὴρ „οὐ μόνον καλὸς κἀγαθός, ἀλλὰ καὶ σοφὸς ὡς οὐκ ἄλλος ἐν „τῇ Ἑλλάδι, παρὰ πάντα χρόνον διατελεῖ τὰ ἄριστα πράτ„των τῇ πόλει, νενίκηκε δὲ πὺξ καὶ πάλην καὶ δρόμον ἐν

---

pax. 71: ξυνετρίβη τῆς κεφαλῆς. Vgl. Kr. Gr. §. 47, 15, 6.
49. οὗτος, deiktisch. — παρ᾽ ἐμοῦ, d. i. aus meinem Beutel. Toxar. 22: ὁπόσην ἂν πλείστην (προῖκα) ἐπιδοῦναι παρ᾽ αὑτοῦ δύνηται. Phal. 2, 13: ἀναλίσκοντα καὶ καταδαπανῶντα παρ᾽ αὑτοῦ. Ebenso im Latein. solvere oder numerare ab aliquo. — ἐλυσάμην, ich befreite ihn mit meinem Gelde. — τῇ Ἐρεχθηίδι φυλῇ. Luc. macht sich einer Unrichtigkeit schuldig; denn der δῆμος Κολλυτός gehörte zur ägeïschen Phyle. — τὸ θεωρικόν. Darunter ist das Geld zu verstehen, welches seit Perikles aus dem Schatze unter das Volk vertheilt wurde, theils um ihm das Eintrittsgeld ins Schauspiel zu erstatten, theils zu Opfern, womit eine öffentliche Speisung verbunden war.· Demosthenes schaffte dasselbe 339 v. Chr. wieder ab. — τὸ γινόμενον, meinen Antheil. — οὐκ ἔφη, negavit, er erklärte, dass er nicht. Der Grieche negirt das Verbum des Hauptsatzes, der Deutsche das des Nebensatzes. — πολίτην ὄντα με. Nur ein Bürger konnte Theil daran haben.

50. τὸ μέγα ὄφελος, du grosser Förderer. Ebenso nennt Aeschin. de fals. leg. 24 ironisch den Demosthenes τὸ μέγα ὄφελος τῆς πόλεως. — τὸ ἔρεισμα τῶν Ἀθ. Ebenso Pindar. von Athen: αἱ λιπαραὶ καὶ ἀοίδιμοι Ἑλλάδος ἔρεισμα Ἀθᾶναι. — τὸ πρόβλημα, du Schutzwehr, Vormauer. — καὶ μήν, wahrlich. — αἱ βουλαὶ ἀμφότεραι, der Rath des Areiopagos u. der der Fünfhundert. — ὑπὲρ σοῦ, zu deinen Gunsten. — ὁ Ἐχεκρατίδου. Oben c. 44 ohne Artikel, und so meistentheils bei den Rednern in Beschlüssen und Staatsschriften ohne denselben. — παρὰ πάντα χρόνον, neben aller Zeit hin, während .., jederzeit. So παρὰ τὸν βίον IV, 18 u. ö. — διατελεῖ .. πράττων, fortwährend thut. διατελεῖ τὰ ἄρ. πράττων gewöhnliche Formel in Volksdecreten von Männern, die sich um den Staat verdient gemacht haben. — νενίκηκε πάλην, im Ringkampf. Für ἐν Ὀλυμπίᾳ wäre es sprachgemässer Ὀλύμπια, wie c. 53: νενικηκὼς Ὀλύμπια πὺξ καὶ πάλην. Vgl. IV, 17. Ebenso im Latein. vincere Olympia.

"Ὀλυμπίᾳ μιᾶς ἡμέρας καὶ τελείῳ ἅρματι καὶ συνωρίδι πω-
"λικῇ —"
ΤΙΜ. Ἀλλ' οὐδὲ ἐθεώρησα ἐγὼ πώποτε εἰς Ὀλυμπίαν.
ΔΗΜ. Τί οὖν; θεωρήσεις ὕστερον· τὰ τοιαῦτα δὲ πολλὰ προσκεῖσθαι ἄμεινον. "καὶ ἠρίστευσε δὲ ὑπὲρ τῆς πόλεως
"πέρυσι πρὸς Ἀκαρνᾶνας καὶ κατέκοψε Πελοποννησίων δύο
"μόρας —"
51. ΤΙΜ. Πῶς; διὰ γὰρ τὸ μὴ ἔχειν ὅπλα οὐδὲ προὐγρά- 51
φην ἐν τῷ καταλόγῳ.
ΔΗΜ. Μέτρια τὰ περὶ σαυτοῦ λέγεις, ἡμεῖς δὲ ἀχάριστοι
ἂν εἴημεν ἀμνημονοῦντες. "ἔτι δὲ καὶ ψηφίσματα γράφων καὶ
"ξυμβουλεύων καὶ στρατηγῶν οὐ μικρὰ ὠφέλησε τὴν πόλιν·
"ἐπὶ τούτοις ἅπασι δεδόχθω τῇ βουλῇ καὶ τῷ δήμῳ καὶ τῇ
"Ἡλιαίᾳ κατὰ φυλὰς καὶ τοῖς δήμοις ἰδίᾳ καὶ κοινῇ πᾶσι χρυ-
"σοῦν ἀναστῆσαι τὸν Τίμωνα παρὰ τὴν Ἀθηνᾶν ἐν τῇ ἀκρο-
"πόλει κεραυνὸν ἐν τῇ δεξιᾷ ἔχοντα καὶ ἀκτῖνας ἑπτὰ ἐπὶ τῇ
"κεφαλῇ καὶ στεφανῶσαι αὐτὸν χρυσοῖς στεφάνοις καὶ ἀνακη-
"ρυχθῆναι τοὺς στεφάνους τήμερον Διονυσίοις τραγῳδοῖς

— τελείῳ ἅρματι, d. i. mit einem Viergespann von ausgewachsenen Pferden im Gegensatz zu συνωρὶς πωλική, d. i. einem Zweigespann.
— ἐθεώρησα εἰς Ὀλυμπίαν, als Zuschauer nach Ol. reisen. Arist. vesp. 1188: ἐγὼ δὲ τεθεώρηκα πώποτ' οὐδαμοῦ πλὴν ἐς Πάρον. Thucyd. 3, 104. — τί οὖν; was macht das aus? was thut's?
— προσκεῖσθαι, hinzugefügt sein, = Perfect. pass. von προστιθέναι. — καὶ .. δέ, s. oben zu c. 33. — πρὸς Ἀκαρνᾶνας. Akarnaner kämpften im peloponnesischen Kriege oft auf Seiten der Lakedämonier gegen die Athenäer.
— μόρα, eine Abtheilung des spartanischen Heeres, bestehend aus 500 bis 900 Mann.
51. ἐν τῷ καταλόγῳ, in dem Verzeichniss der waffenfähigen Bürger. — οὐ μικρὰ ὠφέλησε, s. zu IV, 20. — ἐπὶ τούτοις ἅπασι, ob haec omnia. — τῇ βουλῇ, Rath der Fünfhundert.
— τῇ Ἡλιαίᾳ, das höchste Volksgericht in Athen, das aus 6000 Bürgern bestand. Dieses hatte aber bei derartigen Dingen nichts zu thun; ebenso wenig die Phylen und Demen. Alles dieses ist eine lächerliche Uebertreibung des Demeas. Dasselbe gilt auch vom Folgenden, wo des Zeus und Apollon Bildsäulen in die eine des Timon vereinigt werden.— χρυσοῦν ἀναστῆσαι τὸν Τίμ., dem T. eine goldene Bildsäule setzen. Anachars. 17: καὶ χαλκοῦν αὐτὸν ἀναστήσατε. De morte Peregr. 27: χρυσοῦς ἀναστήσεσθαι ἐλπίζων. Ebenso im Latein., Horat. aeneus ut stes. — ἐπὶ τῇ κεφαλῇ, wir ebenso ungenau: auf dem Haupte.—
χρυσοῖς στεφάνοις. Es war bekanntlich Sitte zu Athen, Bürger, welche grosse Verdienste um den Staat hatten, mit einem goldenen Kranze (früher von Oelzweigen) zu beehren. — ἀνακηρυχθῆναι, durch den Herold im Theater an den Dionysien. Ausserdem sind hier die grossen Dionysien zu verstehen, welche innerhalb der Stadt im Monat Elaphebolion (März)

"καινοῖς· — ἀχθῆναι γὰρ δι' αὐτὸν δεῖ τήμερον τὰ Διονύ-
"σια — εἶπε τὴν γνώμην Δημέας ὁ ῥήτωρ, συγγενὴς αὐτοῦ
"ἀγχιστεὺς καὶ μαθητὴς ὤν· καὶ γὰρ ῥήτωρ ἄριστος ὁ Τίμων
52 "καὶ τὰ ἄλλα πάντα ὁπόσα ἂν ἐθέλῃ." 52. τουτὶ μὲν οὖν σοι
τὸ ψήφισμα. ἐγὼ δὲ καὶ τὸν υἱὸν ἐβουλόμην ἀγαγεῖν παρὰ σέ,
ὃν ἐπὶ τῷ σῷ ὀνόματι Τίμωνα ὠνόμακα.

*TIM.* Πῶς, ὦ Δημέα, ὃς οὐδὲ γεγάμηκας, ὅσα γε καὶ
ἡμᾶς εἰδέναι;

*ΔΗΜ.* Ἀλλὰ γαμῶ, ἢν διδῷ θεός, ἐς νέωτα καὶ παιδο-
ποιήσομαι καὶ τὸ γεννηθησόμενον — ἄρρεν γὰρ ἔσται — Τί-
μωνα ἤδη καλῶ.

*TIM.* Οὐκ οἶδα, εἰ γαμήσεις ἔτι, ὦ οὗτος, τηλικαύτην
παρ' ἐμοῦ πληγὴν λαμβάνων.

*ΔΗΜ.* Οἴμοι, τί τοῦτο; τυραννίδι, Τίμων, ἐπιχειρεῖς
καὶ τύπτεις τοὺς ἐλευθέρους οὐ καθαρῶς ἐλεύθερος οὐδ' ἀστὸς
ὤν; ἀλλὰ δώσεις ἐν τάχει τὴν δίκην τά τε ἄλλα καὶ ὅτι τὴν
ἀκρόπολιν ἐνέπρησας.

53 53. *TIM.* Ἀλλ' οὐκ ἐμπέπρησται, ὦ μιαρέ, ἡ ἀκρόπολις·
ὥστε δῆλος εἶ συκοφαντῶν.

*ΔΗΜ.* Ἀλλὰ καὶ πλουτεῖς τὸν ὀπισθόδομον διορύξας.

*TIM.* Οὐ διώρυκται οὐδὲ οὗτος· ὥστε ἀπίθανά σου καὶ
ταῦτα.

gefeiert wurden. — τραγῳδοῖς καινοῖς, bei Aufführung der neuen Tragödien, Dativ zur Zeitangabe; Kr. Gr. §. 48, 2, 1. Vgl. Cic. ad Att. 1, 16, 12: *ludis et gladiatoribus.* — ἀχθῆναι κτέ., lächerliche Schmeichelei. — συγγενής ἀγχιστεύς unattische Verbindung, συγγ. und ἀγχ. sind verschieden. — καὶ γάρ, denn auch, *nam etiam*, καί gehört zu ῥήτ. ἄρ.

52. ὅσα γε καὶ ἡμᾶς εἰδέναι, so viel wenigstens auch wir wissen. Jup. trag. 10: ὅσα γε κἀμὲ ὁρᾶν. Hermot. init.: ὅσον τῷ βιβλίῳ τεκμήρασθαι. — ἐς νέωτα, über's Jahr, *in annum*. — γαμήσεις, unattische Form für γαμεῖς, die sich auch sonst bei Luc. findet. — ὦ οὗτος, *heus tu*, mein Lieber. — λαμβάνων, wenn du empfängst. — τυραν-

νίδι ἐπιχειρεῖς, *regnum appetis*. Mit Absicht erhebt Demeas diese Beschuldigung bei den freiheitsliebenden Athenäern. — οὐ καθαρῶς ἐλεύθερος, dessen Vater oder Mutter im Sklavenstande, οὐ καθ. ἀστός, dessen Vater oder Mutter nicht aus Athen ist. — τὴν δίκην, die verdiente, gebührende Strafe. Dieses die Bedeutung des Artikels. Vgl. Catapl. 26. Pisc. 27 u. ö. — τά τε ἄλλα καὶ ὅτι, *et aliis de causis et quod*.

53. δῆλος εἶ συκοφαντῶν, es ist offenbar, dass du. Vgl. IV, 21. und zu IV, 22. — τὸν ὀπισθόδομον, die Nachzelle eines Athenatempels, wahrscheinlich des Parthenons, auf der Burg zu Athen, welche als Schatzkammer diente. — διώρυκται unattisch für διορώρυκται. — ἀπίθανά σου

ΔΗΜ. Διορυχθήσεται μὲν ὕστερον· ἤδη δὲ σὺ πάντα τὰ ἐν αὐτῷ ἔχεις.
ΤΙΜ. Οὐκοῦν καὶ ἄλλην λάμβανε.
ΔΗΜ. Οἴμοι τὸ μετάφρενον.
ΤΙΜ. Μὴ κέκραχθι· κατοίσω γάρ σοι καὶ τρίτην· ἐπεὶ καὶ γελοῖα πάμπαν ἂν πάθοιμι δύο μὲν Λακεδαιμονίων μόρας κατακόψας ἄνοπλος, ἓν δὲ μιαρὸν ἀνθρώπιον μὴ ἐπιτρίψας· μάτην γὰρ ἂν εἴην καὶ νενικηκὼς Ὀλύμπια πὺξ καὶ πάλην. 54. ἀλλὰ τί τοῦτο; οὐ Θρασυκλῆς ὁ φιλόσοφος οὗτός ἐστιν; 54 οὐ μὲν οὖν ἄλλος· ἐκπετάσας γοῦν τὸν πώγωνα καὶ τὰς ὀφρῦς ἀνατείνας καὶ βρενθυόμενός τι πρὸς αὑτὸν ἔρχεται, τιτανῶδες βλέπων, ἀνασεσοβημένος τὴν ἐπὶ τῷ μετώπῳ κόμην, Αὐτοβορέας τις ἢ Τρίτων, οἵους ὁ Ζεῦξις ἔγραψεν. οὗτος ὁ τὸ σχῆμα εὐσταλὴς καὶ κόσμιος τὸ βάδισμα καὶ σωφρονικὸς τὴν ἀναβολὴν ἕωθεν μυρία ὅσα περὶ ἀρετῆς διεξιὼν καὶ τῶν ἡδονῇ χαιρόντων κατηγορῶν καὶ τὸ ὀλιγαρκὲς ἐπαινῶν, ἐπειδὴ λουσάμενος ἀφίκοιτο ἐπὶ τὸ δεῖπνον καὶ ὁ παῖς μεγάλην τὴν κύλικα ὀρέξειεν αὐτῷ — τῷ ζωροτέρῳ δὲ χαίρει μάλιστα — καθάπερ τὸ Λήθης ὕδωρ ἐκπιὼν ἐναντιώτατα ἐπιδείκνυται τοῖς ἑωθινοῖς ἐκείνοις λόγοις προαρπάζων ὥσπερ ἰκτῖνος τὰ ὄψα καὶ τὸν πλησίον παραγκωνιζόμενος, καρύκης τὸ γένειον ἀνάπλεως, κυνηδὸν ἐμφορούμενος, ἐπικεκυφώς, καθάπερ ἐν ταῖς λοπάσι

καὶ ταῦτα. Piscat. 24: γενναῖά σου ταῦτα. Vit. auct. 23: γενναιὰ σου ταῦτα καὶ δεινῶς ἀνδρικά. u. ö. Ebenso im Latein., Nep. VIII, 3: praeclarum hoc quoque Thrasybuli, quod.. Kr. Gr. §. 47, 10, 2. — ἄλλην, näml. πληγήν; ebenso im Folg. bei τρίτην. 54. οὐ μὲν οὖν ἄλλος, wahrlich kein anderer; oft bei Luc. — τὰς ὀφρῦς ἀνατείνας, als Zeichen des Stolzes. Catapl. 4. Ebenso τὰς ὀφρῦς ἐπαίρειν. — βρενθυόμενός τι πρὸς αὑτόν prägnand: superbe aliquid secum reputans. — τιτανῶδες βλέπων, furchtbar wie ein Tit. blikkend. Nigr. 11: δεινὸν βλέποντες. Icar. 23: τιτανῶδες εἰς ἐμὲ ἀπιδών. Catapl. 22: φοβερόν τι καὶ ἀπειλητικὸν προσβλέπουσα. u. ö. — ἀνασεσοβημένος τὴν κόμην,

mit aufgesträubtem Haar. — Αὐτοβορέας τις, ein leibhaftiger Boreas. τὶς dient zur Bezeichnung der Aehnlichkeit. Herc. 1: Χάρωνα ἢ Ἰαπετόν τινα. u. ö. — Τρίτων, Sohn des Poseidon und der Amphitrite, ein Meergott. — Ζεῦξις, berühmter Maler aus Herakleia zur Zeit des peloponnesischen Krieges. — τὸ σχῆμα εὐσταλής, einfach im Aeussern. Piscat. 12. — μυρία ὅσα, wunderwie vieles. Ebenso μυρία ὅσα Bis accus. 3. ὀλίγον ὅσον Prom. 12. Jup. trag. 8. — τὸ ὀλιγαρκές, die Genügsamkeit. — ἀφίκοιτο . . ὀρέξειεν. Warum der Optativ? — τῷ ζωροτέρῳ, reinerer, stärkerer Wein, d. i. Wein, der mit weniger Wasser, als gewöhnlich, gemischt ist. — ἐμφορού-

τὴν ἀρετὴν εὑρήσειν προσδοκῶν, ἀκριβῶς τὰ τρύβλια τῷ λιχανῷ ἀποσμήχων, ὡς μηδὲ ὀλίγον τοῦ μυττωτοῦ καταλίποι,
55. μεμψίμοιρος ἀεί, κἂν τὸν πλακοῦντα ὅλον ἢ τὸν σῦν μόνος τῶν ἄλλων λάβῃ, ὅ τι περ λιχνείας καὶ ἀπληστίας ὄφελος, μέθυσος καὶ πάροινος, οὐκ ἄχρι ᾠδῆς καὶ ὀρχηστύος μόνον, ἀλλὰ καὶ λοιδορίας καὶ ὀργῆς. προσέτι καὶ λόγοι πολλοὶ ἐπὶ τῇ κύλικι, τότε δὴ καὶ μάλιστα, περὶ σωφροσύνης καὶ κοσμιότητος· καὶ ταῦτά φησιν ἤδη ὑπὸ τοῦ ἀκράτου πονηρῶς ἔχων καὶ ὑποτραυλίζων γελοίως· εἶτα ἔμετος ἐπὶ τούτοις· καὶ τὸ τελευταῖον ἀράμενοί τινες ἐκφέρουσιν αὐτὸν ἐκ τοῦ συμποσίου τῆς αὐλητρίδος ἀμφοτέραις ἐπειλημμένον. πλὴν ἀλλὰ καὶ νήφων οὐδενὶ τῶν πρωτείων παραχωρήσειεν ἂν ψεύσματος ἕνεκα ἢ θρασύτητος ἢ φιλαργυρίας· ἀλλὰ καὶ κολάκων ἐστὶ τὰ πρῶτα καὶ ἐπιορκεῖ προχειρότατα, καὶ ἡ γοητεία προηγεῖται καὶ ἡ ἀναισχυντία παρομαρτεῖ, καὶ ὅλως πάνσοφόν τι χρῆμα καὶ πανταχόθεν ἀκριβὲς καὶ ποικίλως ἐντελές. οἰμώξεται τοιγαροῦν οὐκ εἰς μακρὰν χρηστὸς ὤν. τί τοῦτο; παπαῖ, χρόνιος ἡμῖν Θρασυκλῆς.

56. ΘΡΑΣ. Οὐ κατὰ ταὐτά, ὦ Τίμων, τοῖς πολλοῖς τού-

μενος, sich voll fressend. Vgl. mit dieser Stelle Piscat. 34. Nigr. 25. — ἐπικεκυφώς, über die Schüssel gebückt. — καταλίποι, s. zu I, 4.
55. μεμψίμοιρος, unzufrieden mit seinem Theil. — μόνος τῶν ἄλλων, allein unter allen im Gegensatz zu den übrigen; Kr. Gr. §. 47, 28, 10. — ὅτι περ — ὄφελος. Diese Worte beziehen sich auf den vorhergehenden ganzen Satz; wenn er den ganzen Kuchen oder das Schwein allein bekommt, ist er immer noch unzufrieden, und das ist eben die Hauptsache oder das Höchste seiner Schlemmerei und Unersättlichkeit. ὄφελος ist hier wie oft: das Höchste, Beste, der Kern. — μέθυσος, nach den Vorschriften der alten Gramm. nur von Weibern. — πάροινος, in der Trunkenheit frech. — οὐχ ἄχρι ᾠδῆς, d. i. nicht bloss bis zum Grade dass er singt. — ἐπὶ τῇ κύλικι, seltner ἐπὶ τῆς κύλικος, wie Pisc.

34. — τότε δὴ καὶ μάλιστα, tunc nimirum vel maxime. — τῆς αὐλητρίδος Eine Person, die beim hellenischen Gastmahle nicht fehlte. — ἀμφοτέραις, näml. χερσί. Vergl. ἀμφοτέροις cap. 20. — οὐδενὶ τῶν πρωτείων παραχωρήσειεν ἄν. Tyrannic. 5: ὁ νεανίας τῆς τιμῆς παρεχώρει ἐκείνῳ. — ἕνεκα, in Ansehung, in Betreff. Pseudol. 4. De dips. z. E. u. s. — τὰ πρῶτα, s. zu c. 35. — καὶ ὅλως, s. zu I, 10. — χρῆμα, Geschöpf, oft von Menschen. Dial. mar. 6, 1: παρθένος, πάγκαλόν τι χρῆμα. Adv. ind. 20 u. ö. — ποικίλως ἐντελές, d. i. ein vollendetes Chamäleon. — οὐκ εἰς μακράν, s. zu I, 1. — τί τοῦτο; Mit diesen Worten redet Timon den Thrasykles an, der bereits herankommt und die letzten beiden Worte χρηστὸς ὤν schon gehört haben konnte. — παπαῖ, ei ei. — χρόνιος, spät, endlich.
50. κατὰ ταὐτά, in derselben Art oder Absicht, davon ab-

*ΤΙΜΩΝ.* [II.] 51

τοις αφίγμαι, ώσπερ οι τον πλούτόν σου τεθηπότες αργυρίου και χρυσίου και δείπνων πολυτελών ελπίδι συνδεδραμήκασι πολλήν την κολακείαν επιδεικνύμενοι προς άνδρα οίον δε άπλοϊκον και των όντων κοινωνικόν· οίσθα γαρ ως μάζα μεν έμοι δείπνον ικανόν, όψον δε ήδιστον θύμον ή κάρδαμον ή εί ποτε τρυφώην, ολίγον των αλών· ποτον δε ή εννεάκρουνος· ο δε τρίβων ούτος ης βούλει πορφυρίδος αμείνων. το χρυσίον μεν γαρ ουδέν τιμιώτερον των εν τοις αιγιαλοίς ψηφίδων μοι δοκεί. σου δε αυτού χάριν εστάλην, ως μη διαφθείρη σε το κάκιστον τούτο και επιβουλότατον κτήμα ο πλούτος, ο πολλοίς πολλάκις αίτιος ανηκέστων συμφορών γεγενημένος· ει γάρ μοι πείθοιο, μάλιστα μεν όλον ες την θάλατταν εμβαλείς αυτόν ουδέν αναγκαίον ανδρί αγαθώ όντι και τον φιλοσοφίας πλούτον οράν δυναμένω· μη μέντοι ες βάθος, ώγαθέ, αλλ' όσον ες βουβώνας επεμβάς ολίγον προ της κυματωγής, εμού ορώντος μόνου· 57. ει δε μη τούτο βούλει, συ δε άλλον τρόπον αμείνω 57 κατά τάχος εκφόρησον αυτόν εκ της οικίας μηδ' οβολόν αυτώ ανείς, διαδιδούς άπασι τοις δεομένοις, ώ μεν πέντε δραχμάς,

hängig der Dativ τοις πολλοίς τούτοις. Alex. 7: γάλα πίνειν από θηλής κατά ταυτά τοις βρέφεσι. u. s. — ώσπερ οι κτέ. Diese Worte enthalten die nähere Erklärung von κατά ταυτά τοις πολλοίς τούτοις. Eine doppelte Vergleichung, die im Gesprächston nicht auffällig ist. — οίον σέ, Attraction für οίος συ εί. Tox. 11: έστιν ου φαύλον το έργον ανδρί οίω σοι πολεμιστή μονομαχήσαι. De saltat. 2: ήκιστα ελευθέρω ανδρί και οίω σοι πρέποντα. Alex. 20 u. ö. — των όντων κοινωνικόν, freigebig mit dem Seinigen. Das Adjectivum ebenso mit dem Genetiv verbunden wie auch bei Luc. das Verbum. — θύμον, die Speise der Armen in Attika, wo Thymian in Menge wuchs. — η εννεάκρουνος, ein Brunnen in Athen, auch Καλλιρρόη genannt, der aus neun Röhren sprang. — ης βούλει, cuiusvis. Plat. Gorg. p. 517 A: έργα τοιαύτα.. οία τούτων ος βούλει άριστος. Cratyl. p. 432 A: αυτά τα δέκα ή όστις βούλει άλλος αριθμός. — το χρυσίον

κτέ. Ebenso Piscat. 35. — σου δε αυτού χάριν, unattisch für σην δε αυτού χάριν, s. Kr. Gr. §. 47, 7, 8. c. 57: εμαυτού χάριν. — εστάλην, ich habe mich aufgemacht. Nigr. 2. — πολλοίς πολλάκις. Paronomasie oder Parechesis. — μάλιστα μεν, am liebsten, was am besten ist, wo möglich, mit entsprechendem ει δε μή oder ει δέ. Vgl. Hermot. 23. De morte Peregr. 21. Rhet. praec. 23 u. ö. Ebenso im Latein. maxime. — όσον ες, ungefähr bis an.
57. συ δέ. Häufig so δέ im Nachsatz nach Bedingungssätzen, Piscat. 23: ει γάρ τι και προς αλλήλους διαφερόμεθα εν τοις λόγοις, συ δε τούτο μεν μη εξέταξε. u. ö. Besonders häufig bei Homer und Herodot. — κατά τάχος, s. zu c. 10. — αυτώ = σαυτώ, aber nur dann so, wo die Personalbezeichnung selbstverständlich ist. So εαυτώ für εμαυτώ Catapl. 9 u. s. Vgl. Kr. Gr. §. 51, 2, 15. — ανείς, übrig lassend. — ώ μεν .. ώ δέ, = τώ μεν .. τώ δέ,

4*

ᾧ δὲ μνᾶν, ᾧ δὲ ἡμιτάλαντον· εἰ δέ τις φιλόσοφος εἴη, διμοιρίαν ἢ τριμοιρίαν φέρεσθαι δίκαιος· ἐμοὶ δὲ — καίτοι οὐκ ἐμαυτοῦ χάριν αἰτῶ, ἀλλ' ὅπως μεταδῶ τῶν ἑταίρων τοῖς δεομένοις — ἱκανὸν εἰ ταυτηνὶ τὴν πήραν ἐκπλήσας παράσχοις οὐδὲ ὅλους δύο μεδίμνους χωροῦσαν Αἰγινητικούς. ὀλιγαρκῆ δὲ καὶ μέτριον χρὴ εἶναι τὸν φιλοσοφοῦντα καὶ μηδὲν ὑπὲρ τὴν πήραν φρονεῖν.

ΤΙΜ. Ἐπαινῶ ταῦτά σου, ὦ Θρασύκλεις· πρὸ δ' οὖν τῆς πήρας, εἰ δοκεῖ, φέρε σοι τὴν κεφαλὴν ἐμπλήσω κονδύλων ἐπιμετρήσας τῇ δικέλλῃ.

ΘΡΑΣ. Ὦ δημοκρατία καὶ νόμοι, παιόμεθα ὑπὸ τοῦ καταράτου ἐν ἐλευθέρᾳ τῇ πόλει.

ΤΙΜ. Τί ἀγανακτεῖς, ὦγαθέ; τί; μῶν παρακέκρουσμαί σε; καὶ μὴν ἐπεμβαλῶ χοίνικας ὑπὲρ τὸ μέτρον τέτταρας.

58. ἀλλὰ τί τοῦτο; πολλοὶ ξυνέρχονται· Βλεψίας ἐκεῖνος καὶ Λάχης καὶ Γνίφων καὶ ὅλως τὸ σύνταγμα τῶν οἰμωξομένων. ὥστε τί οὐκ ἐπὶ τὴν πέτραν ταύτην ἀνελθὼν τὴν μὲν δίκελλαν ὀλίγον ἀναπαύω πάλαι πεπονηκυῖαν, αὐτὸς δὲ ὅτι πλείστους λίθους ξυμφορήσας ἐπιχαλαζῶ πόρρωθεν αὐτούς;

ΒΛΕΨ. Μὴ βάλλε, ὦ Τίμων· ἄπιμεν γάρ.

ΤΙΜ. Ἀλλ' οὐκ ἀναιμωτί γε ὑμεῖς οὐδὲ ἄνευ τραυμάτων.

---

unattisch; vgl. Asin. 23. — *δίκαιος*, näml. *ἐστίν*, er verdient. Pisc. 2: *δίκαιός ἐστιν ἀπολωλέναι* u. ö. — *μεδίμνους Αἰγινητικούς*. Wiederum eine komische Uebertreibung. Der *μέδιμνος* betrug ¹⁵/₁₆ berl. Scheffel. Bei den Aegineten betrug er jedenfalls noch mehr. — *μηδὲν ὑπὲρ τὴν πήραν φρονεῖν*, nicht über den Ranzen hinausdenken, d. i. mit dem Allernothwendigsten zufrieden sein. — *ταῦτά σου*, s. zu c. 53. — *πρὸ τῆς πήρας* verkürzt für *πρὸ τοῦ τὴν πήραν ἐμπλῆσαι*. Besonders häufig ist diese Kürze bei *ἀντί*. — *παρακέκρουσμαί σε*, bevortheilen. — *χοίνικας*, der 48. Theil eines *μέδιμνος*. 58. *ἐκεῖνος*, deiktisch. — *καὶ ὅλως*, s. zu I, 10. — *τὸ σύνταγμα τῶν οἰμωξομένων*, d. i. die Heerschaar derer, die ausgezahlt werden sollen. — *ὅτι πλείστους*, s. zu c. 10.

# III.
## PROMETHEUS oder DER KAUKASOS.

In diesem nicht umfangreichen, aber mit grosser Gewandtheit geschriebenen dramatischen Dialoge tritt neben dem Hermes und Hephästos als Hauptperson Prometheus auf. Hermes und Hephästos erscheinen im Auftrage des Zeus, um den Prometheus für seine an den Göttern, namentlich an Zeus verübten Betrügereien und Verbrechen an den Kaukasos anzuschmieden. Nachdem dieses geschehen, warten beide nur noch auf den Adler, der dem Prometheus, um die Strafe voll zu machen, die Leber am Tage zerfleischen soll, welche des Nachts immer wieder wächst. Während dieser Zeit nun vertheidigt sich Prometheus in höchst gewandter Rede gegen die ihm gemachten und von Hermes wiederholten Beschuldigungen, die darin bestehen, dass er erstens den Zeus bei einer Fleischvertheilung übervortheilt und den besten Theil für sich behalten, ferner dass er die Menschen gebildet, und endlich drittens dass er den Göttern das Feuer entwendet und dieses den Menschen mitgetheilt habe, mit der grössten Schärfe und Bitterkeit, und thut dabei auf eine wahrhaft überzeugende Weise dar, dass er, statt dafür bestraft zu werden, eher, namentlich was den zweiten und dritten Punkt anlangt, auf Dankbarkeit von Seiten der Götter mit Fug und Recht Anspruch zu machen habe.

Die Veranlassung zur Abfassung dieser kleinen Schrift wie so vieler anderer gab dem Lucian der in der damaligen Zeit zum Theil wieder zu einiger Geltung gelangte Köhlerglaube an die Macht der Götter. Diesem entgegenzutreten und zur gänzlichen Vernichtung desselben nach Kräften beizutragen, ist auch hier sein Streben, das er mit allem möglichen Witz und der bittersten Ironie unterstützt.

## III.

## ΠΡΟΜΗΘΕΥΣ Η ΚΑΥΚΑΣΟΣ.

ΕΡΜΗΣ, ΗΦΑΙΣΤΟΣ, ΠΡΟΜΗΘΕΥΣ.

1. ΕΡΜ. Ὁ μὲν Καύκασος, ὦ Ἥφαιστε, οὗτος, ᾦ τὸν ἄθλιον τουτονὶ Τιτᾶνα προσηλῶσθαι δεήσει· περισκοπῶμεν δὲ ἤδη κρημνόν τινα ἐπιτήδειον, εἴ που τῆς χιόνος τι γυμνόν ἐστιν, ὡς βεβαιότερον καταπαγῇ τὰ δεσμὰ καὶ οὗτος ἅπασι περιφανὴς ᾖ κρεμάμενος.

ΗΦ. Περισκοπῶμεν, ὦ Ἑρμῆ· οὔτε γὰρ ταπεινὸν καὶ πρόσγειον ἀνεσταυρῶσθαι χρή, ὡς μὴ ἐπαμύνοιεν αὐτῷ τὰ πλάσματα αὐτοῦ οἱ ἄνθρωποι, οὔτε μὴν κατὰ τὸ ἄκρον, — ἀφανὴς γὰρ ἂν εἴη τοῖς κάτω — ἀλλ᾽ εἰ δοκεῖ κατὰ μέσον ἐνταῦθά που ὑπὲρ τῆς φάραγγος ἀνεσταυρώσθω ἐκπετασθεὶς τὼ χεῖρε ἀπὸ τουτουὶ τοῦ κρημνοῦ πρὸς τὸν ἐναντίον.

ΕΡΜ. Εὖ λέγεις· ἀπόξυροί τε γὰρ αἱ πέτραι καὶ ἀπρόσβατοι πανταχόθεν, ἠρέμα ἐπινενευκυῖαι, καὶ τῷ ποδὶ στενὴν ταύτην ὁ κρημνὸς ἔχει τὴν ἐπίβασιν, ὡς ἀκροποδητὶ μόγις ἑστάναι, καὶ ὅλως ἐπικαιρότατος ἂν ὁ σταυρὸς γένοιτο. μὴ μέλλε οὖν, ὦ Προμηθεῦ, ἀλλ᾽ ἀνάβαινε καὶ πάρεχε σεαυτὸν καταπαγησόμενον πρὸς τὸ ὄρος.

1. *Καύκασος*, jenes bekannte Gebirge zwischen dem schwarzen und kaspischen Meere. Vgl. Dial. deor. 1. — οὗτος, näml. ἐστίν. — *Τιτᾶνα*. Prom. war der Sohn des Japetos, eines Titanen, und der Klymene, u. dann wird Τιτάν auch von denen gebraucht, welche von Titanen abstammen. — *περισκοπῶμεν*, s. zu II, 30. — γυμνόν, frei von. — ἐπαμύνοιεν, s. zu I, 4.; vgl. c. 2. — οὔτε μήν, neque vero. Xenoph. conviv. 1, 15: οὔτε ἔγωγε σπουδάσαι ἂν δυναίμην οὔτε μὴν ὡς ἀντικληθησόμενος καλεῖ μέ τις. — ἐκπετασθεὶς τὼ χεῖρε, die Arme ausgespannt, nach bekanntem Sprachgebrauch, dass, wenn das Activ zwei Objecte hat, beim Passiv. der Accus. unverändert bleibt; vgl. c. 3. — *ἀπόξυροι*, scharf abgeschnitten, schroff. — ἠρέμα ἐπινενευκυῖαι, sich allmählich vorwärtsneigend, überhangend. — ταύτην, hier. — καὶ ὅλως, s. zu I, 10. — πάρεχε σεαυτὸν καταπαγησόμενον, lass

2. ΠΡΟΜ. Ἀλλὰ κἂν ὑμεῖς γε, ὦ Ἥφαιστε καὶ Ἑρμῆ, κατελεήσατέ με παρὰ τὴν ἀξίαν δυστυχοῦντα.

ΕΡΜ. Τοῦτο φῄς, ὦ Προμηθεῦ, τὸ κατελεήσατε ἀντὶ σοῦ ἀνασκολοπισθῆναι αὐτίκα μάλα παρακούσαντας τοῦ ἐπιτάγματος; ἢ οὐχ ἱκανὸς εἶναί σοι δοκεῖ ὁ Καύκασος καὶ ἄλλους ἂν χωρῆσαι δύο προσπατταλευθέντας; ἀλλ' ὄρεγε τὴν δεξιάν· σὺ δέ, ὦ Ἥφαιστε, κατάκλειε καὶ προσήλου καὶ τὴν σφῦραν ἐρρωμένως κατάφερε. δὸς καὶ τὴν ἑτέραν· κατειλήφθω εὖ μάλα καὶ αὕτη. εὖ ἔχει. καταπτήσεται δὲ ἤδη καὶ ὁ ἀετὸς ἀποκερῶν τὸ ἧπαρ, ὡς πάντα ἔχοις ἀντὶ τῆς καλῆς καὶ εὐμηχάνου πλαστικῆς.

3. ΠΡΟΜ. Ὦ Κρόνε καὶ Ἰαπετὲ καὶ σύ, ὦ μῆτερ, οἷα πέπονθα ὁ κακοδαίμων οὐδὲν δεινὸν ἐργασάμενος.

ΕΡΜ. Οὐδέν, ὦ Προμηθεῦ, δεινὸν εἰργάσω, ὃς πρῶτα μὲν τὴν νομὴν τῶν κρεῶν ἐγχειρισθεὶς οὕτως ἄδικον ἐποιήσω καὶ ἀπατηλήν, ὡς σαυτῷ μὲν τὰ κάλλιστα ὑπεξελέσθαι, τὸν Δία δὲ παραλογίσασθαι ὀστᾶ „καλύψας ἀργέτι δημῷ"; μέμνημαι γὰρ Ἡσιόδου νὴ Δί' οὕτως εἰπόντος· ἔπειτα δὲ τοὺς ἀνθρώπους ἀνέπλασας, πανουργότατα ζῷα, καὶ μάλιστά γε τὰς γυναῖκας· ἐπὶ πᾶσι δὲ τὸ τιμιώτατον κτῆμα τῶν θεῶν τὸ πῦρ κλέψας καὶ τοῦτο ἔδωκας τοῖς ἀνθρώποις; τοσαῦτα δεινὰ εἰργασμένος φῂς μηδὲν ἀδικήσας δεδέσθαι;

4. ΠΡΟΜ. Ἔοικας, ὦ Ἑρμῆ, καὶ σὺ κατὰ τὸν Ὅμηρον

dich. So ὅ. παρέχειν bei Luc. mit Partic. neben dem Infinit. (s. zu II, 40); Toxar. 35: παρέσχεν ἑαυτὸν δεθησόμενον. De merc. cond. 25. Nigr. 21.

2. κἄν, wenigstens, oft bei Luc. in Verbindung mit dem Imperativ; vgl. c. 13. Catapl. 13., s. zu II, 20. — παρὰ τὴν ἀξίαν, gegen mein Verdienst; s. zu II, 6. — τοῦτο φῄς .. ἀντὶ σοῦ ἀνασκ., näml. ἡμᾶς, meinst du damit, dass wir .. Dial. deor. 1, 2: τοῦτο φῄς ἐκπεσεῖσθαί με τῆς ἀρχῆς; — τὸ κατελεήσατε wiederholt Hermes mit Nachdruck. — ἄλλους .. δύο, näml. mich und Hephästos. — ἂν χωρῆσαι, ἄν mit Infinit.; bei der Auflösung in einen selbständigen Satz müsste

der Optat. mit ἄν stehen. — κατάκλειε, schliesse an. — καὶ αὕτη, auch sie. — πάντα, alle mögliche Strafe. — πλαστικῆς, von der Menschenbildung.

3. τὴν νομὴν τῶν κρ. ἐγχειρισθείς. Eunuch. 8: εὐνοῦχος νέων προστασίαν ἐγχειρισθῆναι ἀξιῶν. Amor. 39: ἄλλο τι ἄλλη τῶν ὑπηρετουσῶν ἐγχεχείρισται. S. zu c. 1. — καλύψας ἀργέτι δημῷ, Hesiod. theog. 511. ἀργέτι episch verkürzt von ἀργής, glänzend, gleissend. — ἐπὶ πᾶσι, zu Allem, s. v. a. endlich; vgl. Pro merc. cond. 1. Vit. auct. 22. De conscr. hist. 31. Bis acc. 34. u. s. — κλέψας, näml. von der Sonne, ἐν κοίλῳ νάρθηκι, in ferula.

4. ἀναίτιον αἰτιάασθαι, II. 13.

„ἀναίτιον αἰτιάασθαι," ὃς τὰ τοιαῦτά μοι προφέρεις, ἐφ' οἷς ἔγωγε τῆς ἐν πρυτανείῳ σιτήσεως, εἰ τὰ δίκαια ἐγίγνετο, ἐτιμησάμην ἂν ἐμαυτῷ. εἰ γοῦν σχολή σοι, ἡδέως ἂν καὶ δικαιολογησαίμην ὑπὲρ τῶν ἐγκλημάτων, ὡς δείξαιμι ἄδικα ἐγνωκότα περὶ ἡμῶν τὸν Δία· σὺ δὲ — στωμύλος γὰρ εἶ καὶ δικανικός — ἀπολόγησαι ὑπὲρ αὐτοῦ ὡς δικαίαν τὴν ψῆφον ἔθετο, ἀνεσταυρῶσθαί με πλησίον τῶν Κασπίων τούτων πυλῶν ἐπὶ τοῦ Καυκάσου οἴκτιστον θέαμα πᾶσι Σκύθαις.

ΕΡΜ. Ἐκπρόθεσμον μέν, ὦ Προμηθεῦ, τὴν ἔφεσιν ἀγωνιῇ καὶ ἐς οὐδὲν δέον· ὅμως δ' οὖν λέγε· καὶ γὰρ ἄλλως περιμένειν ἀναγκαῖον, ἔστ' ἂν ὁ ἀετὸς καταπτῇ ἐπιμελησόμενός σου τοῦ ἥπατος· τὴν ἐν τῷ μέσῳ δὴ ταύτην σχολὴν καλῶς ἂν ἔχον εἴη ἐς ἀκρόασιν καταχρήσασθαι σοφιστικήν, οἷος εἰ σὺ πανουργότατος ἐν τοῖς λόγοις.

5. ΠΡΟΜ. Πρότερος οὖν, ὦ Ἑρμῆ, λέγε, καὶ ὅπως μου ὡς δεινότατα κατηγορήσεις μηδὲ καθυφήσῃ τι τῶν δικαίων τοῦ πατρός. σὲ δέ, ὦ Ἥφαιστε, δικαστὴν ποιοῦμαι ἔγωγε.

775. — μοι προφέρεις, mir vorwirfst. De dea Syr. 24: καί οἱ μοιχίην προὔφερε. — τῆς ἐν πρυτ. σιτήσεως κτέ. Sokrates bei Plat. apol. p. 37 A sagt: εἰ οὖν δεῖ με κατὰ τὸ δίκαιον τῆς ἀξίας τιμᾶσθαι, τούτου τιμῶμαι, ἐν πρυτανείῳ σιτήσεως. Das Prytaneion war ein öffentliches Gebäude nordöstlich von der Akropolis, in dem die, welche zu Olympia gesiegt, und andere um den Staat wohlverdiente Bürger auf öffentliche Kosten täglich gespeist wurden. Diese Speisung galt als die höchste Auszeichnung; vgl. Cic. de orat. 1, 54, 231 f. — τῆς σιτήσεως ἐτιμησάμην ἂν ἐμαυτῷ. τιμᾶσθαί τινί τινος in der att. Gerichtssprache eigtl. vom Kläger, auf eine Strafe für Jmdn antragen; dann vom Angeklagten, wie hier und bei Plato, sich eine Strafe zuerkennen. Dieselbe Construction c. 10. — ἐγνωκότα, dass er erkannt hat. Jup. conf. 10: ἐπιδεῖξαι οὐδενὸς ἡμᾶς προνοοῦντας. — ἀνεσταυρῶσθαί με κτέ., Erklärung zum vorherg. δικ. τὴν ψηφ. ἔθ. — τῶν Κασπίων. Dieser Gebirgspass befindet sich im Lande der Tapurer, im östlichen Tauros, jetzt Siah Koh, und ist vom Caucasus weit entfernt. — τούτων, s. zu II, 6. — ἐκπρόθεσμος eigtl. den bestimmten Zeitpunkt od. Termin nicht haltend, hier s. v. a. unzeitig, zu spät; ebenso Navig. 40. — ἔφεσιν, Appellation. — ἐς οὐδὲν δέον, nnnöthig, zwecklos. — ἄλλως, sonst, ohnehin. — ἐπιμελησόμενος, s. zu II, 25. Beachte übrigens die Ironie in diesem Worte. Wovon hängt σου ab? — καλῶς ἂν ἔχον εἴη. Jup. trag. 53: τὸ τοῦ Δαρείου πάνυ καλῶς ἔχον ἐστίν. Vgl. Kr. Gr. §. 50, 3, 3. — καταχρήσασθαι, verbrauchen, verwenden, mit Accus., wie bisweilen bei Späteren. — οἷος mit Bezug auf σοφιστής, was in σοφιστικήν liegt. Vgl. II, 35. IV, 12.

5. ὅπως . . κατηγορήσεις, s. zu II, 48. — καθυφίεσθαι, von seiner Seite aus Nachlässigkeit verabsäumen, preisgeben. — τοῦ πατρός, des Zeus, des Hermes Vater.

*ΠΡΟΜΗΘΕΥΣ*. [III.] 57

*ΗΦ. Μὰ Δί', ἀλλὰ κατήγορον ἀντὶ δικαστοῦ ἴσθι με ἔξων, ὅς τὸ πῦρ ὑφελόμενος ψυχράν μοι τὴν κάμινον ἀπολέλοιπας.*

*ΠΡΟΜ. Οὐκοῦν διελόμενοι τὴν κατηγορίαν, σὺ μὲν περὶ τῆς κλοπῆς ἤδη σύνειρε, ὁ Ἑρμῆς δὲ τὴν κρεανομίαν καὶ τὴν ἀνθρωποποιίαν αἰτιάσεται· ἄμφω δὲ τεχνῖται καὶ εἰπεῖν δεινοὶ ἐοίκατε εἶναι.*

*ΗΦ. Ὁ Ἑρμῆς καὶ ὑπὲρ ἐμοῦ ἐρεῖ· ἐγὼ γὰρ οὐ πρὸς λόγοις τοῖς δικανικοῖς εἰμι, ἀλλ' ἀμφὶ τὴν κάμινον ἔχω τὰ πολλά· ὁ δὲ ῥήτωρ τέ ἐστι καὶ τῶν τοιούτων οὐ παρέργως μεμέληκεν αὐτῷ.*

*ΠΡΟΜ. Ἐγὼ μὲν οὐκ ἂν ᾤμην καὶ περὶ τῆς κλοπῆς τὸν Ἑρμῆν ἐθελῆσαι ἂν εἰπεῖν οὐδὲ ὀνειδιεῖν μοι τὸ τοιοῦτον ὁμοτέχνῳ ὄντι. πλὴν ἀλλ' εἰ καὶ τοῦτο, ὦ Μαίας παῖ, ὑφίστασαι, καιρὸς ἤδη περαίνειν τὴν κατηγορίαν.*

6. *ΕΡΜ. Πάνυ γοῦν, ὦ Προμηθεῦ, μακρῶν δεῖ λόγων καὶ ἱκανῆς τινος παρασκευῆς ἐπὶ τὰ σοὶ πεπραγμένα, οὐχὶ δὲ ἀπόχρη τὰ κεφάλαια εἰπεῖν τῶν ἀδικημάτων, ὅτι ἐπιτραπέν σοι μοιρᾶσαι τὰ κρέα σαυτῷ μὲν τὰ κάλλιστα ἐφύλαττες, ἐξηπάτησας δὲ τὸν βασιλέα, καὶ τοὺς ἀνθρώπους ἀνέπλασας, οὐδὲν δέον, καὶ τὸ πῦρ κλέψας παρ' ἡμῶν ἐκόμισας ἐς αὐτούς· καί μοι δοκεῖς, ὦ βέλτιστε, μὴ συνεῖναι ἐπὶ τοῖς τηλικούτοις*

— *ἴσθι με ἔξων*, wisse, dass du. Pisc. 5: *εὖ ἴστε ἀποκτενοῦντες* u. ö. Vgl. c. 20. — *σύνειρε*, zusammenhängend sprechen. — *οὐ πρὸς λόγοις τοῖς δικ. εἰμι*, beschäftige mich nicht, gebe mich nicht ab mit .. Dial. deor. 19, 4: *ὅλως πρὸς τῷ τοιούτῳ ἐστίν*. Ebenso *πρός τινι γίγνεσθαι* oder *διατρίβειν*. — *ἀμφὶ τὴν κάμ. ἔχω*, halte mich auf bei, bin beschäftigt mit. Ebenso *ἔχειν περί τι*. — *τὰ πολλά*, meistentheils, grösstentheils. — *ῥήτωρ*, Hermes als Gott der Redekunst, daher auch *λόγιος* genannt. — *ἐγὼ μὲν κτέ*. Hermes selbst nämlich, wie bekannt, hatte sich mehrmals des Diebstahls schuldig gemacht und war auch der Gott des Stehlens. *ἐγὼ μέν*, ich wenigstens; Andere mögen eine andere Ansicht haben. Kr. Gr. §. 69, 35, 2. Jup.

trag. 5 u. ö. — *καιρός*, nämlich *ἐστί*.
6. *πάνυ γοῦν κτέ*. Diese und die folgenden Worte sind ironisch zu verstehen, wie *πάνυ γοῦν* schon zeigt. Hermes verhöhnt den Prom., der eine weitläufige Anklage erwartet. Deor. concil. 11: *πάνυ γοῦν μυστηρίων, ὦ Ζεῦ, δεῖ ἡμῖν*. — *σοί = ὑπὸ σοῦ*. Am gewöhnlichsten findet dieser Gebrauch des Dativs bei Passiven in der attischen Prosa bei Perfecten und Plusquampf. Statt. Tox. 25: *ἐπεὶ ἐδεδείπνητο αὐτοῖς;* im Folg. *κατηγόρηταί μοι*. IV, 16. — *ἐπιτραπέν σοι*, nachdem es dir überlassen, Accus. absol. Ebenso *ἐφειμένον* Pisc. 25. Vgl. Kr. Gr. §. 50, 9, 5. Ebenso im Folg. *οὐδὲν δέον*. und c. 15 *δέον*. — *τὸν βασιλέα*, den Zeus.— *συνεῖναι*, von *συνίημι*, ein bei Luc. sich ö. findender Infinitiv. S. zu

πάνυ φιλανθρώπου τοῦ Διὸς πεπειραμένος. εἰ μὲν οὖν ἔξαρνος εἰ μὴ εἰργάσθαι αὐτά, δεήσει καὶ διελέγχειν καὶ ῥῆσίν τινα μακρὰν ἀποτείνειν καὶ πειρᾶσθαι ὡς ἔνι μάλιστα ἐμφανίζειν τὴν ἀλήθειαν· εἰ δὲ φῇς τοιαύτην πεποιῆσθαι τὴν νομὴν τῶν κρεῶν καὶ τὰ περὶ τοὺς ἀνθρώπους καινουργῆσαι καὶ τὸ πῦρ κεκλοφέναι, ἱκανῶς κατηγόρηταί μοι, καὶ μακρότερα οὐκ ἂν εἴποιμι· λῆρος γὰρ ἄλλως τὸ τοιοῦτον.

7 7. ΠΡΟΜ. Εἰ μὲν καὶ ταῦτα λῆρός ἐστιν, ἃ εἴρηκας, εἰσόμεθα μικρὸν ὕστερον· ἐγὼ δέ, ἐπείπερ ἱκανὰ φῇς εἶναι τὰ κατηγορημένα, πειράσομαι ὡς ἂν οἷός τε ὦ, διαλύσασθαι τὰ ἐγκλήματα. καὶ πρῶτόν γε ἄκουε τὸ περὶ τῶν κρεῶν. καίτοι, νὴ τὸν Οὐρανόν, καὶ νῦν λέγων αὐτὰ αἰσχύνομαι ὑπὲρ τοῦ Διός, εἰ οὕτω μικρολόγος καὶ μεμψίμοιρός ἐστιν, ὡς διότι μικρὸν ὀστοῦν ἐν τῇ μερίδι εὗρε, καταπέμψαι ἀνασκολοπισθησόμενον παλαιὸν οὕτω θεόν, μήτε τῆς συμμαχίας μνημονεύσαντα μήτε αὐτὸ τῆς ὀργῆς τὸ κεφάλαιον ἡλίκον ἐστὶν ἐννοήσαντα καὶ ὡς μειρακίου τὸ τοιοῦτον ὀργίζεσθαι καὶ ἀγανακτεῖν, 8 εἰ μὴ τὸ μεῖζον αὐτὸς λήψεται. 8. καίτοι τάς γε ἀπάτας, ὦ Ἑρμῆ, τὰς τοιαύτας συμποτικὰς οὔσας οὐ χρή, οἶμαι, ἀπομνημονεύειν, ἀλλ᾽ εἰ καί τι ἡμάρτηται μεταξὺ εὐωχουμένων, παιδιὰν ἡγεῖσθαι καὶ αὐτοῦ ἐν τῷ ξυμποσίῳ καταλείπειν τὴν ὀργήν· ἐς δὲ τὴν αὔριον ταμιεύεσθαι τὸ μῖσος καὶ μνησικακεῖν

II, 8. — ἐπὶ τοῖς τηλικούτοις, bei so bedeutenden Verbrechen. — ἔξαρνος εἰ μή, μή für uns überflüssig. Pisc. 29: ἐγὼ τοσούτου δέω ἔξαρνος γενέσθαι, ὡς οὐκ εἶπον αὐτά. Conviv. 15: τοῦ παιδὸς ἀρνουμένου μὴ ἀποβεβληκέναι. Kr. Gr. §. 67, 12, 3. — ἀποτείνειν. Bis accus. 33: μακροὺς ἀποτείνειν οὐκ ἂν ἐβουλόμην τοὺς λόγους. Eine namentlich bei Platon häufige Redeweise. — ὡς ἔνι μάλιστα, so sehr als möglich. — φῇς, zugestehst. — ἄλλως mit λῆρος zu verbinden, nichts als, nur. Vgl. c. 11. Gall. 17: μῦθος ἄλλως καὶ ταῦτα. Anach. 32. Zeux. 12 u. ö.
7. διαλύσασθαι, zu nichte machen. — τὸν Οὐρανόν. Dieser ist der Vater des Japetos. — ὑπὲρ τοῦ Διός, in des Z. Namen. — εἰ, dass. Dial. deor. 18, 1. Pisc. 32 u. ö. — ἀνασκολοπισθησόμενον, s. zu II, 25. — παλαιὸν οὕτω, s. zu I, 11. — τῆς συμμαχίας. Prometheus, obgleich selbst aus dem Titanengeschlecht, hatte doch mit seiner Klugheit dem Zeus gegen die Titanen beigestanden. — τὸ κεφάλαιον, der Grund. — ἡλίκον, wie gering; vgl. Hermot. 5. — μειρακίου, näml. ἐστίν; dieses Satzglied (καὶ ὡς) noch abhängig von ἐννοήσαντα.

8. μεταξὺ εὐωχουμένων, s. zu I, 17. — ἐν τῷ ξυμποσίῳ nähere Bestimmung zu αὐτοῦ. Tox. 18: αὐτοῦ ἐν τῇ νήσῳ u. ö. Ebenso Philopseud. 17: οἴκοι παρ᾽ αὐτῷ. Gall. 10: οἴκοι παρὰ σεαυτῷ. u. Aehnl. — ἐς τὴν αὔριον, näml.

ΠΡΟΜΗΘΕΥΣ. [III.]

καὶ ἔωλόν τινα μῆνιν διαφυλάττειν, ἄπαγε, οὔτε θεοῖς πρέπον οὔτε ἄλλως βασιλικόν· ἢν γοῦν ἀφέλῃ τις τῶν συμποσίων τὰς κομψείας ταύτας, ἀπάτην καὶ σκώμματα καὶ τὸ διασιλλαίνειν καὶ ἐπιγελᾶν, τὸ καταλειπόμενόν ἐστι μέθη καὶ κόρος καὶ σιωπή, σκυθρωπὰ καὶ ἀτερπῆ πράγματα καὶ ἥκιστα συμποσίῳ πρέποντα. ὥστε ἔγωγ' οὐδὲ μνημονεύσειν τὴν ὑστεραίαν ἔτι ᾤμην τούτων τὸν Δία, οὐχ ὅπως καὶ τηλικαῦτα ἐπ' αὐτοῖς ἀγανακτήσειν καὶ πάνδεινα ἡγήσεσθαι πεπονθέναι, εἰ διανέμων τις κρέα παιδιάν τινα ἔπαιξε, πειρώμενος εἰ διαγνώσεται τὸ βέλτιον ὁ αἱρούμενος. 9. τίθει δ' ὅμως, ὦ Ἑρμῆ, τὸ χαλεπώτερον, μὴ τὴν ἐλάττω μοῖραν ἀπονενεμηκέναι τῷ Διί, τὴν ὅλην δὲ ὑφῃρῆσθαι· τί οὖν; διὰ τοῦτο ἐχρῆν, τὸ τοῦ λόγου, τῇ γῇ τὸν οὐρανὸν ἀναμεμῖχθαι καὶ δεσμὰ καὶ σταυροὺς καὶ Καύκασον ὅλον ἐπινοεῖν καὶ ἀετοὺς καταπέμπειν καὶ τὸ ἧπαρ ἐκκολάπτειν; ὅρα γάρ, μὴ πολλήν τινα ταῦτα κατηγορῇ τοῦ ἀγανακτοῦντος αὐτοῦ μικροψυχίαν καὶ εὐτέλειαν τῆς γνώμης καὶ πρὸς ὀργὴν εὐχέρειαν. ἢ τί γὰρ ἂν ἐποίησεν οὗτος ὅλον βοῦν ἀπολέσας, εἰ κρεῶν ὀλίγων ἕνεκα τηλικαῦτα ὀργίζεται; 10. καίτοι πόσῳ οἱ ἄνθρωποι εὐγνωμονέστερον διάκεινται πρὸς τὰ τοιαῦτα, οὓς εἰκὸς ἦν καὶ τὰ ἐς τὴν ὀργὴν ὀξυτέρους εἶναι τῶν θεῶν; ἀλλ' ὅμως ἐκείνων οὐκ ἔστιν ὅστις τῷ μαγείρῳ σταυροῦ ἂν τιμήσαιτο, εἰ τὰ κρέα ἕψων καθεὶς τὸν

ἡμέραν. — ἔωλον, übernächtig. Bedeutung, eigtl. ausmeisseln. — τὰς κομψείας, festivitates. — πολλήν τινα, s. zu I,1. Häufiger τὴν ὑστεραίαν, den folgenden im Plur. πολλοί τινες. — ἢ τί γὰρ Tag, am f. T. Die Bezeichnung ἂν ἐποίησεν, oder sollte man darüber zweifelhaft sein? Sicher nur wenig hervor. — οὐχ ὅπως, nicht. Denn was u. s. w. Vgl. geschweige. So oft bei Luc. c. 16: ἢ τί γὰρ ἂν ἐπράττομεν im zweiten Gliede; vgl. IV, 8. οὐκ ἔχοντες. Jup. trag. 19: ἢ τί Pisc. 31. Philops. 5. Abdicat. 18 γὰρ ἂν αὐτοὺς ἀξιώσειέ τις φρου. ö. Häufiger im ersten Gliede. νεῖν; De morte Peregr. 8: ἢ τί καί verbinde mit τηλικαῦτα. — γὰρ ἄλλο χρὴ ποιεῖν; Piscat. 27. τηλικαῦτα, adverbialiter, wie c. IV, 4. 17.
9: τηλικαῦτα ὀργίζεται. — παιδιάν 10. πρὸς τὰ τοιαῦτα, in Bezug auf derartige Dinge. — τινα ἔπαιξε, einen Scherz machte. Die erst bei Späteren εἰκὸς ἦν, s. zu II, 37. — τὰ ἐς vorkommende Aoristform ἔπαιξα τὴν ὀργήν, rücksichtlich dessen, was denZorn betrifft. auch Dial. deor. 6, 4. Tox.9: δικαιότεροι τὰ πρὸς τοὺς 9. τίθει, setze, nimm an. — γονέας. — οὐκ ἔστιν ὅστις, Kr. ἀπονενεμηκέναι, näml. ἐμέ. — τὸ Gr. §. 61, 5, 2. — τῷ μαγείρῳ τοῦ λόγου, wie es im Sprichwort heisst. Hermot. 28. Alex. Horat. Sat. 1, 3, 80 ff.:
9. — ἐκκολάπτειν in übertragener

δάκτυλον τοῦ ζωμοῦ τι περιελιχμήσατο ἢ ὀπτωμένων ἀποσπάσας τι κατεβρόχθισεν, ἀλλὰ συγγνώμην ἀπονέμουσιν αὐτοῖς· εἰ δὲ καὶ πάνυ ὀργισθεῖεν, ἢ κονδύλους ἐνέτριψαν ἢ κατὰ κόρρης ἐπάταξαν, ἀνεσκολοπίσθη δὲ οὐδεὶς παρ' αὐτοῖς τῶν τηλικούτων ἕνεκα. καὶ περὶ μὲν τῶν κρεῶν τοσαῦτα, αἰσχρὰ μὲν κἀμοὶ ἀπολογεῖσθαι, πολὺ δὲ αἰσχίω κατηγορεῖν ἐκείνῳ.

11. περὶ δὲ τῆς πλαστικῆς καὶ ὅτι τοὺς ἀνθρώπους ἐποίησα, καιρὸς ἤδη λέγειν. τοῦτο δέ, ὦ Ἑρμῆ, διττὴν ἔχον τὴν κατηγορίαν, οὐκ οἶδα καθ' ὁπότερον αἰτιᾶσθέ μου, πότερα ὡς οὐδὲ ὅλως ἐχρῆν τοὺς ἀνθρώπους γεγονέναι, ἀλλ' ἄμεινον ἦν ἀτρεμεῖν αὐτοὺς γῆν ἄλλως ὄντας, ἢ ὡς πεπλάσθαι μὲν ἐχρῆν, ἄλλον δέ τινα καὶ μὴ τοῦτον ἐσχηματίσθαι τὸν τρόπον; ἐγὼ δὲ ὅμως ὑπὲρ ἀμφοῖν ἐρῶ· καὶ πρῶτόν γε, ὡς οὐδεμία τοῖς θεοῖς ἀπὸ τούτου βλάβη γεγένηται, τῶν ἀνθρώπων ἐς τὸν βίον παραχθέντων, πειράσομαι δεικνύειν· ἔπειτα δέ, ὡς καὶ συμφέροντα καὶ ἀμείνω αὐτοῖς ταῦτα παρὰ πολὺ ἢ εἰ ἐρήμην καὶ ἀπάνθρωπον συνέβαινε τὴν γῆν μένειν. 12. ἦν τοίνυν πάλαι — ῥᾷον γὰρ οὕτω καὶ δῆλον ἂν γένοιτο, εἴ τι ἠδίκηκα ἐγὼ μετακοσμήσας τὰ περὶ τοὺς ἀνθρώπους — ἦν οὖν τὸ θεῖον

*ΠΡΟΜΗΘΕΥΣ.* [III.]

μόνον καὶ τὸ ἐπουράνιον γένος, ἡ γῆ δὲ ἄγριόν τι χρῆμα καὶ ἄμορφον, ὕλαις ἅπασα καὶ ταύταις ἀνημέροις λάσιος, οὔτε δὲ βωμοὶ θεῶν ἢ ναοί, — πόθεν δέ; — ἢ ἀγάλματα ἢ ξόανα ἢ τι ἄλλο τοιοῦτον, οἷα πολλὰ νῦν ἁπανταχόθι φαίνεται μετὰ πάσης ἐπιμελείας τιμώμενα· ἐγὼ δὲ — ἀεὶ γάρ τι προβουλεύω ἐς τὸ κοινὸν καὶ σκοπῶ, ὅπως αὐξηθήσεται μὲν τὰ τῶν θεῶν, ἐπιδώσει δὲ καὶ τἄλλα πάντα ἐς κόσμον καὶ κάλλος — ἐνενόησα, ὡς ἄμεινον εἴη ὀλίγον ὅσον τοῦ πηλοῦ λαβόντα ζῷά τινα συστήσασθαι καὶ ἀναπλάσαι τὰς μορφὰς μὲν ἡμῖν αὐτοῖς προσεοικότα· καὶ γὰρ ἐνδεῖν τι ᾤμην τῷ θείῳ, μὴ ὄντος τοῦ ἐναντίου αὐτῷ καὶ πρὸς ὃ ἔμελλεν ἡ ἐξέτασις γιγνομένη εὐδαιμονέστερον ἀποφαίνειν αὐτό· θνητὸν μέντοι εἶναι τοῦτο, εὐμηχανώτατον δ' ἄλλως καὶ συνετώτατον καὶ τοῦ βελτίονος αἰσθανόμενον. 13. καὶ δὴ κατὰ τὸν ποιητικὸν λόγον „γαῖαν ὕδει 13 φύρας" καὶ διαμαλάξας ἀνέπλασα τοὺς ἀνθρώπους ἔτι καὶ τὴν Ἀθηνᾶν παρακαλέσας συνεπιλαβέσθαι μοι τοῦ ἔργου. ταῦτά ἐστιν ἃ μεγάλα ἐγὼ τοὺς θεοὺς ἠδίκηκα. καὶ τὸ ζημίωμα ὁρᾷς ἡλίκον, εἰ ἐκ πηλοῦ ζῷα ἐποίησα καὶ τὸ τέως ἀκίνητον ἐς κίνησιν ἤγαγον· καί, ὡς ἔοικε, τὸ ἀπ' ἐκείνου ἧττον θεοί εἰσιν οἱ θεοί, διότι καὶ ἐπὶ γῆς τινα θνητὰ ζῷα γεγένηται· οὕτω γὰρ δὴ καὶ ἀγανακτεῖ νῦν ὁ Ζεὺς ὥσπερ ἐλαττουμένων τῶν θεῶν ἐκ τῆς τῶν ἀνθρώπων γενέσεως, εἰ μὴ ἄρα τοῦτο δέδιε, μὴ καὶ οὗτοι ἀπόστασιν ἐπ' αὐτὸν βουλεύσωσι καὶ πόλεμον

s. Zumpt §. 739. — οὔτε, anacoluthisch ohne entsprechendes οὔτε, veranlasst durch die Lebhaftigkeit der Rede. — πόθεν δέ; s. zu II, 8. — προβουλεύω. Damit spielt Prometheus auf seinen Namen an. — ἐπιδώσει, intr., zunehmen, Fortschritte machen. — ὀλίγον ὅσον, s. zu II, 54. — συστήσασθαι, zusammensetzen, bilden; c. 16. Hermotim. 20: ὁ Ἥφαιστος ἄνθρωπον συνεστήσατο. — τὰς μορφάς, an Gestalt. Uebrigens beachte das Anacoluthische der Rede; denn diesen Worten sollte etwa im Folgenden entsprechen τὴν φύσιν δὲ θνητὰ ὄντα. Durch den Zwischensatz ist die veränderte Construction eingetreten. — πρὸς ὅ zu verbinden mit ἡ ἐξέτασις γιγνομένη.

13. γαῖαν ὕδει φύρας, Hesiod. op. 61., wo Hephästos von Zeus den Auftrag erhält: γαῖαν ὕδει φύρειν, ἐν δ' ἀνθρώπου θέμεν αὐδήν κτέ. ὕδει für das gewöhnliche ὕδατι. φύρας nur hier vorkommende Aoristform von φύρω. — διαμαλάξας, durch und durch erweichen, nur hier vorkommendes Wort. — ταῦτά ἐστιν κτέ., vgl. Bis acc. 32: ταῦτά ἐστιν ἃ τὴν ῥητορικὴν ἐγὼ μεγάλα ἠδίκηκα. — τὸ ἀπ' ἐκείνου, von jener Zeit an. De merc. cond. 23. Ebenso τὸ ἀπὸ τοῦδε. Vgl. Kr. Gr. §. 50, 5, 13. — ἐλαττουμένων, im Werthe sinken. — εἰ μὴ ἄρα, nisi forte. IV, 3. Pseudol. 3. u. s. — πόλεμον ἐξενέγκωσι, Krieg offen und thätlich anfangen.

ἐξενέγκωσι πρὸς τοὺς θεοὺς ὥσπερ οἱ Γίγαντες. ἀλλ' ὅτι μὲν δὴ οὐδὲν ἠδίκησθε, ὦ Ἑρμῆ, πρὸς ἐμοῦ καὶ τῶν ἔργων τῶν ἐμῶν, δῆλον· ἢ σὺ δεῖξον κἂν ἕν τι μικρότατον, κἀγὼ σιω-
14 πήσομαι καὶ δίκαια ἔσομαι πεπονθὼς πρὸς ὑμῶν. 14. ὅτι δὲ καὶ χρήσιμα ταῦτα γεγένηται τοῖς θεοῖς, οὕτως ἂν μάθοις, εἰ ἐπιβλέψειας ἅπασαν τὴν γῆν οὐκέτ' αὐχμηρὰν καὶ ἀκαμῆ οὖσαν, ἀλλὰ πόλεσι καὶ γεωργίαις καὶ φυτοῖς ἡμέροις διακεκοσμημένην καὶ τὴν θάλατταν πλεομένην καὶ τὰς νήσους κατοικουμένας, ἁπανταχοῦ δὲ βωμοὺς καὶ θυσίας καὶ ναοὺς καὶ πανηγύρεις·

μεσταὶ δὲ Διὸς πᾶσαι μὲν ἀγυιαί,
πᾶσαι δ' ἀνθρώπων ἀγοραί.

καὶ γὰρ εἰ μὲν ἐμαυτῷ μόνῳ κτῆμα τοῦτο ἐπλασάμην, ἐπλεονέκτουν ἴσως, νυνὶ δ' εἰς τὸ κοινὸν φέρων κατέθηκα ὑμῖν αὐτούς· μᾶλλον δὲ Διὸς μὲν καὶ Ἀπόλλωνος καὶ Ἥρας καὶ σοῦ [δέ], ὦ Ἑρμῆ, νεὼς ἰδεῖν ἁπανταχοῦ ἐστι, Προμηθέως δὲ οὐδαμοῦ. ὁρᾷς, ὅπως τὰ ἐμαυτοῦ μόνα σκοπῶ, τὰ κοινὰ δὲ κα-
15 ταπροδίδωμι καὶ ἐλάττω ποιῶ. 15. ἔτι δέ μοι, ὦ Ἑρμῆ, καὶ τόδε ἐννόησον, εἴ τί σοι δοκεῖ ἀγαθὸν ἀμάρτυρον, οἷον κτῆμα ἢ ποίημα, ὃ μηδεὶς ὄψεται μηδὲ ἐπαινέσεται, ὁμοίως ἡδὺ καὶ τερπνὸν ἔσεσθαι τῷ ἔχοντι. πρὸς δὴ τί τοῦτ' ἔφην; ὅτι μὴ γενομένων τῶν ἀνθρώπων ἀμάρτυρον συνέβαινε τὸ κάλλος εἶναι τῶν ὅλων, καὶ πλοῦτόν τινα πλουτήσειν ἐμέλλομεν οὔτε ὑπ'

Ver. hist. 1, 12. — πρὸς ἐμοῦ, s. zu II, 25. — κἂν, vollständig würde es heissen: δεῖξον, κἂν ἕν τι μικρότατον δείξῃς. S. oben zu c. 2.
14. καὶ χρήσιμα, auch nützlich. Worauf bezieht sich καί? — αὐχμηρὰν, rauh, wild. — ἀκαμῆ, unbebaut. — γεωργίαις, bebaute Ländereien. In derselben Bedeutung schon bei Isocrates u. A. — πλεομένην, beschifft werdend, Kr. Gr. §. 46, 6, 3. — μεσταὶ δὲ Διὸς κτέ., aus Aratos' Phaenom. z. A. — κτῆμα τοῦτο. Warum hier kein Artikel? — ἐπλεονέκτουν ἴσως, muss wol mit eingeschobenem ἂν heissen: ἐπλεονέκτουν ἂν ἴσως.— αὐτούς, näml. τοὺς ἀνθρώπους.

— μᾶλλον δέ, s. zu II, 38. — καὶ σοῦ δέ, s. zu II, 33. — Προμηθέως δὲ οὐδαμοῦ. In der Wahrheit nicht begründet; denn zu Athen hatte er ein Heiligthum in der Akademie, und alljährlich wurde ihm zu Ehren daselbst ein Fackellauf gehalten. Allerdings war seine Verehrung dem Zeus und den andern Göttern gegenüber von keiner Bedeutung. — ὁρᾷς, ὅπως, ironisch.
15. ἀγαθὸν ἀμάρτυρον, ein Gut ohne Zeugen. — οἷον, zum Beispiel, wie. — πρὸς δὴ τί, wozu nun, zu welchem Zweck. Hipp. 2: πρὸς δὴ τί ταῦτ' ἔφην; — συνέβαινε, s. zu II, 37. — πλοῦτόν τινα πλουτήσειν, s. zu II, 48. Ueber den In-

ἄλλου τινὸς θαυμασθησόμενον οὔτε ἡμῖν αὐτοῖς ὁμοίως τίμιον· οὐδὲ γὰρ ἂν εἴχομεν πρὸς ὅ τι ἔλαττον παραθεωροῖμεν αὐτόν, οὐδ' ἂν συνίεμεν ἡλίκα εὐδαιμονοῦμεν οὐχ ὁρῶντες ἀμοίρους τῶν ἡμετέρων τινάς· οὕτω γὰρ δὴ καὶ τὸ μέγα δόξειεν ἂν μέγα, εἰ τῷ μικρῷ παραμετροῖτο. ὑμεῖς δέ, τιμᾶν ἐπὶ τῷ πολιτεύματι τούτῳ δέον, ἀνεσταυρώκατέ με καὶ ταύτην μοι τὴν ἀμοιβὴν ἀποδεδώκατε τοῦ βουλεύματος. 16. ἀλλὰ κακοῦργοί τινες, φῄς, ἐν αὐτοῖς καὶ μοιχεύουσι καὶ πολεμοῦσι καὶ ἀδελφὰς γαμοῦσι καὶ πατράσιν ἐπιβουλεύουσι. παρ' ἡμῖν γὰρ οὐχὶ πολλὴ τούτων ἀφθονία; οὐ δήπου διὰ τοῦτ' αἰτιάσαιτ' ἄν τις τὸν Οὐρανὸν καὶ τὴν Γῆν, ὅτι ἡμᾶς συνεστήσαντο. ἔτι καὶ τοῦτο ἴσως φαίης ἄν, ὅτι ἀνάγκη πολλὰ ἡμᾶς ἔχειν πράγματα ἐπιμελουμένους αὐτῶν. οὐκοῦν διά γε τοῦτο καὶ ὁ νομεὺς ἀχθέσθω ἐπὶ τῷ ἔχειν τὴν ἀγέλην, διότι ἀναγκαῖον ἐπιμελεῖσθαι αὐτῷ αὐτῆς. καίτοι τό γε ἐργῶδες τοῦτο καὶ ἡδύ· ἄλλως τε καὶ ἡ φροντὶς οὐκ ἀτερπής, ἔχουσά τινα διατριβήν. ἢ τί γὰρ ἂν ἐπράττομεν οὐκ ἔχοντες ὧν προνοοῦμεν τούτων; ἠργοῦμεν ἂν καὶ τὸ νέκταρ ἐπίνομεν καὶ τῆς ἀμβροσίας ἐνεφορούμεθα οὐδὲν ποθοῦντες. 17. ὃ δὲ μάλιστά με ἀποπνίγει, τοῦτ' ἐστίν, ὅτι μεμφόμενοι τὴν ἀνθρωποποιίαν καὶ μάλιστά γε τὰς γυναῖκας ὅμως ἐρᾶτε αὐτῶν καὶ οὐ διαλείπετε κατιόν-

---

fin. Fut. Kr. Gr. §. 53, 8, 3. Vgl. I, 15. — οὐδὲ γὰρ, denn auch nicht, häufig bei Luc., Pisc. 13: οὐδὲ γὰρ πρόδηλος οὐδὲ πᾶσι γνώριμος ἡ θύρα. u. ö. — τῶν ἡμετέρων, näml. ἀγαθῶν. — τιμᾶν, näml. ἐμέ. — πολιτεύματι, eigentl. kluge Handlung eines Staatsmannes, hier im Allg. kluge Handlung, Staatsstreich. — δέον, s. zu c. 6. 
16. φῄς, 'dadurch wird ein Einwurf angedeutet, welchen Hermes machen könnte und Prometheus daher zum voraus widerlegt. Von den Verbrechen der Menschen werden absichtlich solche erwähnt, deren sich auch Götter schuldig gemacht hatten, und zwar vorzugsweise Zeus.' Geist. — παρ' ἡμῖν γάρ, s. zu II, 18. — δήπου, doch wol, opinor. Piscat. 33 u. s. — συνεστήσαντο, s. zu c. 12. Uranos und Ge sind die Stamm-eltern aller Götter. — πράγματα ἔχειν, Noth haben, sich plagen, oft so mit folg. Partic. — αὐτῷ αὐτῆς, Paronomasie oder Parechesis. — ἄλλως τε, übrigens, und überdiess. — ὧν προνοοῦμεν τούτων. Ebenso Tox. 53: τῷ γὰρ χάριν ἐμοὶ ὁμολογεῖν ἐφ' οἷς ἔπραξα τούτοις. Demosth. or. 54, 6: πρῶτον μὲν οὖν ὧν εἴρηκα τούτων βούλομαι κτέ. — τῆς ἀμβροσίας. Dial. deor. 18, 2: ἐμφορεῖσθαι τοῦ ἀκράτου. ἐμφορεῖσθαι, im Uebermass zu sich nehmen, sich anfüllen. — οὐδὲν ποθοῦντες, ohne nach etwas weiter zu verlangen. 
17. ἀποπνίγει, ärgert. — ὅμως, häufig so nach einem Particip., das concessiv steht. Toxar. 10: καὶ αἰδούμενος τὸ πρῶτον ὅμως διηγεῖτο πάντα. u. ö. — διαλείπετε κατιόντες, näml. auf die Erde. Ueber die Construction zu II, 18.

τες, ἄρτι μὲν ταῦροι, ἄρτι δὲ σάτυροι καὶ κύκνοι γινόμενοι, καὶ θεοὺς ἐξ αὑτῶν ποιεῖσθαι ἀξιοῦτε. ἀλλ᾽ ἐχρῆν μέν, ἴσως φήσεις, ἀναπεπλάσθαι τοὺς ἀνθρώπους, ἄλλον δέ τινα τρόπον, ἀλλὰ μὴ ἡμῖν ἐοικότας· καὶ τί ἂν ἄλλο παράδειγμα τούτου ἄμεινον προεστησάμην, ὃ πάντως καλὸν ἠπιστάμην; ἢ ἀσύνετον καὶ θηριῶδες ἔδει καὶ ἄγριον ἀπεργάσασθαι τὸ ζῷον; καὶ πῶς ἂν ἢ θεοῖς ἔθυσαν ἢ τὰς ἄλλας ὑμῖν τιμὰς ἀπένειμαν οὐχὶ τοιοῦτοι γενόμενοι; ἀλλὰ ὑμεῖς, ὅταν μὲν ὑμῖν τὰς ἑκατόμβας προσάγωσιν, οὐκ ὀκνεῖτε, κἂν ἐπὶ τὸν Ὠκεανὸν ἐλθεῖν δέῃ „μετ᾽ ἀμύμονας Αἰθιοπῆας"· τὸν δὲ τῶν τιμῶν ὑμῖν καὶ τῶν θυσιῶν αἴτιον ἀνεσταυρώκατε. περὶ μὲν οὖν τῶν ἀνθρώπων καὶ ταῦτα ἱκανά. 18. ἤδη δὲ καὶ ἐπὶ τὸ πῦρ, εἰ δοκεῖ, μετελεύσομαι καὶ τὴν ἐπονείδιστον ταύτην κλοπήν. καὶ πρὸς θεῶν τοῦτό μοι ἀπόκριναι μηδὲν ὀκνήσας· ἔσθ᾽ ὅ τι ἡμεῖς τοῦ πυρὸς ἀπολωλέκαμεν, ἐξ οὗ καὶ παρ᾽ ἀνθρώποις ἐστίν; οὐκ ἂν εἴποις. αὕτη γάρ, οἶμαι, φύσις τουτουὶ τοῦ κτήματος· οὐδέν τι ἔλαττον γίγνεται, εἴ τις καὶ ἄλλος αὐτοῦ μεταλάβοι· οὐ γὰρ ἀποσβέννυται ἐναυσαμένου τινός· φθόνος δὲ δὴ ἄντικρυς τὸ τοιοῦτον, ἀφ᾽ ὧν μηδὲν ὑμεῖς ἠδίκησθε, τούτων κωλύειν μεταδιδόναι τοῖς δεομένοις. καίτοι θεούς γε ὄντας ἀγαθοὺς χρὴ εἶναι καὶ „δωτῆρας ἑάων" καὶ ἔξω φθόνου παντὸς ἑστάναι· ὅπου γε καὶ εἰ τὸ πᾶν τοῦτο πῦρ ὑφελόμενος κατεκόμισα ἐς τὴν γῆν μηδ᾽ ὅλως τι αὐτοῦ καταλιπών, οὐ μεγάλα ὑμᾶς ἠδίκουν· οὐδὲ γὰρ ὑμεῖς δεῖσθε αὐτοῦ μήτε ῥιγοῦντες μήτε

— ἄρτι μὲν ταῦροι κτέ. Zeus entführte die Europe in der Gestalt eines Stieres, der Antiope erschien er als Satyr, der Leda als Schwan. — ἐξ αὐτῶν, näml. τῶν γυναικῶν. — ποιεῖσθαι, procreare. Gewöhnlich παῖδας ποιεῖσθαι. — ἀξιοῦτε, haltet ihr nicht für ungebührlich. — προεστησάμην, hinstellen. Vgl. I, 18. — ὃ πάντως καλὸν ἠπιστάμην. Toxar. 45: ἠπίστατο γὰρ πένητα τὸν Ἀρσακόμαν. — ἤ, wir: etwa. Vgl. c. 19. — οὐχὶ τοιοῦτοι γενόμενοι, wenn sie nicht. — μετ᾽ ἀμύμονας Αἰθ., Anspielung auf Il. 1, 423: Ζεὺς γὰρ ἐς Ὠκεανὸν μετ᾽ ἀμύμονας Αἰθιοπῆας χθιζὸς ἔβη κατὰ δαῖτα, θεοὶ δ᾽ ἅμα πάντες ἕποντο.

18. μετελεύσομαι. Die att. Form ist μέτειμι; vgl. Dial. mort. 5, 2. 10, 13. 18, 2. Navig. 38. — ταύτην, s. z. II, 6. — ἔσθ᾽ ὅ τι κτέ., quidquamne est, quod ex igne amisimus. — ἐξ οὗ, s. zu II, 9. — οὐδέν τι, durchaus nicht, ganz und gar nicht. Tox. 22: ἄκουσον ἤδη τρίτον ἄλλον οὐδέν τι χείρονα αὐτῶν. — φθόνος δὲ δή. δὲ δή hebt den Gegensatz mehr hervor; häufig bei Luc. — ἄντικρυς, geradezu. — ἀφ᾽ ὧν μηδὲν ὑμεῖς ἠδίκησθε, d. i. woraus euch kein Nachtheil erwächst. — δωτῆρας ἑάων, von den Göttern Od. 8, 325. — ἔξω φθόνου παντὸς ἑστάναι. Plat. Phaedr. p. 247 A: φθόνος γὰρ ἔξω θείου χοροῦ ἵσταται. — ὅπου γε, quandoquidem. — ῥιγοῦντες.

ΠΡΟΜΗΘΕΥΣ. [III.]

ἔψοντες τὴν ἀμβροσίαν μήτε φωτὸς ἐπιτεχνητοῦ δεόμενοι.
19. οἱ δὲ ἄνθρωποι καὶ ἐς τὰ ἄλλα μὲν ἀναγκαίῳ χρῶνται τῷ πυρί, μάλιστα δὲ ἐς τὰς θυσίας, ὅπως ἔχοιεν κνισᾶν τὰς ἀγυιὰς καὶ τοῦ λιβανωτοῦ θυμιᾶν καὶ τὰ μηρία καίειν ἐπὶ τῶν βωμῶν. ὁρῶ δέ γε ὑμᾶς μάλιστα χαίροντας τῷ καπνῷ καὶ τὴν εὐωχίαν ταύτην ἡδίστην οἰομένους, ὁπόταν ἐς τὸν οὐρανὸν ἡ κνῖσα παραγίνηται „ἑλισσομένη περὶ καπνῷ"· ἐναντιωτάτη τοίνυν ἡ μέμψις αὕτη ἂν γένοιτο τῇ ὑμετέρᾳ ἐπιθυμίᾳ. θαυμάζω δὲ ὅπως οὐχὶ καὶ τὸν ἥλιον κελεύετε μὴ καταλάμπειν αὐτούς· καίτοι πῦρ καὶ οὗτός ἐστι πολὺ θειότερόν τε καὶ πυρωδέστερον. ἢ κἀκεῖνον αἰτιᾶσθε ὡς σπαθῶντα ὑμῶν τὸ κτῆμα; εἴρηκα. σφὼ δέ, ὦ Ἑρμῆ καὶ Ἥφαιστε, εἴ τι μὴ καλῶς εἰρῆσθαι δοκεῖ, διευθύνετε καὶ διεξελέγχετε, κἀγὼ αὖθις ἀπολογήσομαι.

20. ΕΡΜ. Οὐ ῥᾴδιον, ὦ Προμηθεῦ, πρὸς οὕτω γενναῖον σοφιστὴν ἁμιλλᾶσθαι· πλὴν ἀλλὰ ὤνησο, διότι μὴ καὶ ὁ Ζεὺς ταῦτα ἐπήκουσέ σου· εὖ γὰρ οἶδα, ἓξ καὶ δέκα γῦπας ἂν ἐπέστησέ σοι τὰ ἔγκατα ἐξαιρήσοντας· οὕτω δεινῶς αὐτοῦ κατηγόρηκας ἀπολογεῖσθαι δοκῶν. ἐκεῖνο δέ γε θαυμάζω, ὅπως μάντις ὢν οὐ προεγίγνωσκες ἐπὶ τούτοις κολασθησόμενος.

ΠΡΟΜ. Ἠπιστάμην, ὦ Ἑρμῆ, καὶ ταῦτα μέν, καὶ διότι δὲ ἀπολυθήσομαι αὖθις οἶδα, καὶ ἤδη γέ τις ἐκ Θηβῶν ἀφίξεται σὸς ἀδελφὸς οὐκ ἐς μακρὰν κατατοξεύσων ὃν φῂς ἐπιπετήσεσθαί μοι τὸν ἀετόν.

Die attische Form ist ῥιγῶντες. Indess ist jene Form bei Luc. nicht ungewöhnlich; vgl. Catapl. 15. Paras. 38. Luct. 16. Ep. Sat. 31.
19. ἀναγκαίῳ χρῶνται, bedienen sich als etwas nothwendigen. — ὅπως ἔχοιεν, s. zu I, 4. — κνισᾶν, mit Fettdampf erfüllen. Die Redensart κνισᾶν τὰς ἀγυιάς gehört der älteren Sprache an. — τοῦ λιβανωτοῦ, Genetivus partitivus. Toxar. 54: ἀφθόνως ἀφιέντες τῶν οἴστων. — δέ γε, aber wenigstens, dagegen, verumtamen, bei Luc. sehr häufig. — ἑλισσομένη περὶ καπνῷ, in Rauch emporwirbelnd, Il. 1, 317.
20. ὤνησο, du hast Nutzen gehabt, s. v. a. es ist dein Glück, du kannst froh sein. Adv. indoct. 10: πλὴν τοῦτό γε μόνον ὤνησο τῆς σκευῆς, ὅτι κτέ. — ἐπήκουσε. IV, 14: καὶ ταῦτα τῆς Κλωθοῦς ἐπήκουσα. — ἓξ καὶ δέκα. Die gebräuchliche Form ist ἑκκαίδεκα. Kr. Gr. §. 24, 2, 6. — ἐξαιρήσοντας, um .. — μάντις. Prometheus erscheint öfter als Weissager, ja sogar als Erfinder der Weissagekunst. — κολασθησόμενος, s. zu c. 5. — διότι = ὅτι. — τις ἐκ Θηβῶν, Herakles, Sohn des Zeus und somit Bruder des Hermes, war in Theben geboren. Derselbe befand sich gerade auf dem Wege zu den Gärten der Hesperiden, als er den Adler erschoss. Vgl. Dial. deor. 1. — οὐκ ἐς μα-

*ΕΡΜ.* Εἰ γὰρ γένοιτο, ὦ Προμηθεῦ, ταῦτα καὶ ἐπίδοιμί σε λελυμένον, ἐν ἡμῖν εὐωχούμενον, οὐ μέντοι καὶ κρεανομοῦντά γε.

21. *ΠΡΟΜ.* Θάρρει· καὶ συνευωχήσομαι ὑμῖν καὶ ὁ Ζεὺς λύσει με οὐκ ἀντὶ μικρᾶς εὐεργεσίας.

*ΕΡΜ.* Τίνος ταύτης; μὴ γὰρ ὀκνήσῃς εἰπεῖν.

*ΠΡΟΜ.* Οἶσθα, ὦ Ἑρμῆ, τὴν Θέτιν; ἀλλ' οὐ χρὴ λέγειν· φυλάττειν γὰρ ἄμεινον τὸ ἀπόρρητον, ὡς μισθὸς εἴη καὶ λύτρα μοι ἀντὶ τῆς καταδίκης.

*ΕΡΜ.* Ἀλλὰ φύλαττε, ὦ Τιτάν, εἰ τοῦτ' ἄμεινον. ἡμεῖς δὲ ἀπίωμεν, ὦ Ἥφαιστε· καὶ γὰρ ἤδη πλησίον οὑτοσὶ ὁ ἀετός. ὑπόμενε οὖν καρτερῶς· εἴη δὲ ἤδη σοι τὸν Θηβαῖον ὃν φῂς τοξότην ἐπιφανῆναι, ὡς παύσειεν ἀνατεμνόμενον ὑπὸ τοῦ ὀρνέου.

κράν, s. zu I, 1.— ἐπιπετήσεσθαι. Dieselbe Futurform Saturn. 35.; desgleichen auch bei Aristophanes. Das gewöhnl. att. Futur. ist πτήσομαι. — εἰ γάρ, utinam; Kr. Gr. §. 54, 3, 3. — ἐν ὑμῖν, unter uns, in unserer Mitte. Toxar. 44: δειπνεῖν ἐν τοῖς ἄλλοις.

21. τίνος ταύτης; noch abhängig von ἀντί = τίς ἐστιν αὕτη, ἀνθ' ἧς κτἑ.; s. zu IV, 21. — τὴν Θέτιν, die Tochter des Nereus. Zeus befreite den Prometheus, als dieser ihm mittheilte, wenn er mit der Thetis einen Sohn zeuge, so werde dieser grösser als der Vater werden und denselben vom Throne stossen. Vgl. Dial. deor. 1. — εἴη δέ, möge es der Fall sein, möge es geschehen. Pro laps. in sal. 19: καὶ εἴη γε τοιοῦτον φανῆναι τὸν λόγον. — ἀνατεμνόμενον, näml. σέ, wie aus dem Zusammenhange erhellt. Wegen des Partic. vgl. Tox. 33: τοιόνδε τι προσπεσὸν ἔπαυσεν αὐτοὺς δυστυχοῦντας.

## IV.
## CHARON ODER DIE WELTBESCHAUER.

In ganz besonderer Schönheit ragt vorliegende Schrift durch das Sinnreiche der Erfindung hervor. Charon, jener bekannte Fährmann der abgeschiedenen Seelen, hat sich von Hades Urlaub ausgebeten, auf Einen Tag die Oberwelt besuchen zu dürfen, um das eitle und nichtige Thun und Treiben der Menschen kennen zu lernen. Daselbst trifft er zufällig seinen alten Freund und Genossen Hermes, und ersucht diesen, weil er hier hinreichend bekannt sei, ihm als Wegweiser zu dienen, wozu dieser denn auch nach einiger Weigerung bereit ist. Um einen grossen, weiten Ueberblick zu haben und die ganze Erde gleichsam in der Vogelperspective betrachten zu können, wälzen beide, da dem Charon, als Insassen des Todtenreichs, der Zutritt in den Himmel nicht erlaubt ist, den Ossa auf den Olympos, auf sie dann den Pelion, und da diese Höhe immer noch nicht hinreicht, darauf den Oeta und Parnasos. Von dieser Höhe herab zeigt nun Hermes dem Charon, dessen Sehkraft mit Hilfe einiger homerischen Verse auf zauberhafte Weise geschärft worden ist, das armselige und eitle Drängen und Treiben der Sterblichen in seiner nackten Wahrheit, welche die wenigen Jahre ihres Lebens so hinbringen, als hätten sie den Tod ganz und gar nicht zu fürchten, der doch in längerer oder kürzerer Zeit allen bevorstehe.

Die Form des Gesprächs, in dem wir in die Zeiten des Kyros, Krösos und Solon versetzt werden, und in dem die Lehren wahrer Weisheit mit dem heitersten Humor gewürzt erscheinen, ist ebenfalls die dem Lucian eigenthümliche dramatisch-dialogische.

## IV.

## ΧΑΡΩΝ Η ΕΠΙΣΚΟΠΟΥΝΤΕΣ.

ΕΡΜΗΣ ΚΑΙ ΧΑΡΩΝ.

1. ΕΡΜ. Τί γελᾷς, ὦ Χάρων; ἢ τί τὸ πορθμεῖον ἀπολιπὼν δεῦρο ἀνελήλυθας ἐς τὴν ἡμετέραν, οὐ πάνυ εἰωθὼς ἐπιχωριάζειν τοῖς ἄνω πράγμασιν;
ΧΑΡ. Ἐπεθύμησα, ὦ Ἑρμῆ, ἰδεῖν ὁποῖά ἐστι τὰ ἐν τῷ βίῳ καὶ ἃ πράττουσιν οἱ ἄνθρωποι ἐν αὐτῷ, ἢ τίνων στερόμενοι πάντες οἰμώζουσι κατιόντες παρ' ἡμᾶς· οὐδεὶς γὰρ αὐτῶν ἀδακρυτὶ διέπλευσεν. αἰτησάμενος οὖν παρὰ τοῦ Ἅιδου καὶ αὐτός, ὥσπερ ὁ Θετταλὸς ἐκεῖνος νεανίσκος, μίαν ἡμέραν λιπόνεως γενέσθαι ἀνελήλυθα ἐς τὸ φῶς, καί μοι δοκῶ ἐς δέον ἐντετυχηκέναι σοι· ξεναγήσεις γὰρ εὖ οἶδ' ὅτι με ξυμπερινοστῶν καὶ δείξεις ἕκαστα ὡς ἂν εἰδὼς ἅπαντα.
ΕΡΜ. Οὐ σχολή μοι, ὦ πορθμεῦ· ἀπέρχομαι γάρ τι διακονησόμενος τῷ ἄνω Διὶ τῶν ἀνθρωπικῶν· ὁ δὲ ὀξύθυμός

---

1. ἐς τὴν ἡμετέραν, näml. γῆν oder χώραν, auf die Oberwelt, nähere Bestimmung zu δεῦρο; s. zu III, 8. — ὁποῖά ἐστι ... ἢ τίνων, s. zu c. 18. — ὁ Θετταλός, zu verstehen von Protesilaos aus Phylake in Thessalien, dem Anführer der Thessaler vor Troia, der als der Erste an's Land stieg und zuerst getödtet wurde. Als Laodameia den Tod dieses ihres Gatten erfuhr, bat sie die Götter (nach Luc. Dial. deor. 23. bittet Prot. den Pluton) um die Erlaubniss, nur drei Stunden mit ihm in der Oberwelt sich unterreden zu dürfen. Die Bitte wurde ihr gewährt. Als er aber nach Verlauf der Frist wieder in die Unterwelt zurückkehren musste, starb Laodameia mit ihm. — λιπόνεως im guten Sinne 'der sein Schiff verlässt', sonst gew. der treuloser Weise den Seedienst verlässt. — ἐς δέον, zur günstigen Zeit, opportune, wie oft. — εὖ οἶδ' ὅτι, s. zu I, 18. — ὡς ἂν εἰδώς, da du ja, wie ich denke, in der Voraussetzung, dass du wol. ὡς mit dem Partic. lässt den Grund als Meinung des Charon erscheinen. Kr. Gr. §. 56, 12, 2. Ueber ἄν beim Partic. §. 69, 7, 1. Vgl. c. 14. — διακονησόμενος, um zu, s. zu II, 25. Dieses Medium findet sich bei Luc. o. in rein act. Bedeutung. — τῷ ἄνω Διί, im Gegensatz zu dem der

ἔστι καὶ δέδια μὴ βραδύναντά με ὅλον ὑμέτερον ἐάσῃ εἶναι παραδοὺς τῷ ζόφῳ, ἢ ὅπερ τὸν Ἥφαιστον πρώην ἐποίησε, ῥίψῃ κἀμὲ τεταγὼν τοῦ ποδὸς ἀπὸ τοῦ θεσπεσίου βηλοῦ, ὡς ὑποσκάζων γέλωτα καὶ αὐτὸς παρέχοιμι οἰνοχοῶν.

ΧΑΡ. Περιόψει οὖν με ἄλλως πλανώμενον ὑπὲρ γῆς καὶ ταῦτα ἑταῖρος καὶ σύμπλους καὶ ξυνδιάκτορος ὤν; καὶ μὴν καλῶς εἶχεν, ὦ Μαίας παῖ, ἐκείνων γοῦν σε μεμνῆσθαι, ὅτι μηδεπώποτέ σε ἢ ἀντλεῖν ἐκέλευσα ἢ πρόσκωπον εἶναι· ἀλλὰ σὺ μὲν ῥέγκεις ἐπὶ τοῦ καταστρώματος ἐκταθεὶς ὤμους οὕτω καρτεροὺς ἔχων, ἢ εἴ τινα λάλον νεκρὸν εὕροις, ἐκείνῳ παρ' ὅλον τὸν πλοῦν διαλέγῃ, ἐγὼ δὲ πρεσβύτης ὢν τὴν δικωπίαν ἐρέττω μόνος. ἀλλὰ πρὸς τοῦ πατρός, ὦ φίλτατον Ἑρμάδιον, μὴ καταλίπῃς με, περιήγησαι δὲ τὰ ἐν τῷ βίῳ ἅπαντα, ὥς τι καὶ ἰδὼν ἐπανέλθοιμι· ὡς ἤν με σὺ ἀφῇς, οὐδὲν τῶν τυφλῶν διοίσω· καθάπερ γὰρ ἐκεῖνοι σφάλλονται διολισθαίνοντες ἐν τῷ σκότει, οὕτω δὴ κἀγώ σοι ἔμπαλιν ἀμβλυώττων πρὸς τὸ φῶς. ἀλλὰ δός, ὦ Κυλλήνιε, ἐς ἀεὶ μεμνησομένῳ τὴν χάριν.

2. ΕΡΜ. Τοῦτο τὸ πρᾶγμα πληγῶν αἴτιον καταστήσεταί μοι· ὁρῶ γοῦν ἤδη τὸν μισθὸν τῆς περιηγήσεως οὐκ ἀκόνδυλον παντάπασιν ἡμῖν ἐσόμενον. ὑπουργητέον δὲ ὅμως· τί γὰρ ἂν καὶ πάθοι τις, ὁπότε φίλος τις ὢν βιάζοιτο; πάντα μὲν οὖν

---

Unterwelt, dem Pluton. — ῥίψῃ κτέ., II. 1, 591, wo Hephästos sagt:
ἤδη γάρ με καὶ ἄλλοτ' ἀλεξέμεναι μεμαῶτα
ῥίψε, ποδὸς τεταγών, ἀπὸ βηλοῦ θεσπεσίοιο.
— καὶ αὐτός, so gut wie Hephästos, II. 1, 599. — περιόψει με πλανώμενον, du willst es geschehen lassen, dass ich. Jup. tr. 25: ἢ σὺ αὐτὸς περιεῖδες ἂν τὸν ἁλιέα ὑφαιρούμενόν σου τὴν τρίαιναν; u. ö. — ἄλλως, temere. — ξυνδιάκτορος, Mitgeleiter. näml. der Seelen in die Unterwelt. Bei Homer heisst Hermes häufig διάκτορος. — καὶ μήν, s. zu II, 15. — καλῶς εἶχεν, wir: es wäre schön, s. zu II, 37. — ὤμους οὕτω καρτ. ἔχων, passend von Hermes, dem Vorsteher der Gymnasien. — δικωπία, zweiruderiger Kahn. — Ἑρμάδιον, bei Aristophanes Ἑρμίδιον. — περιήγησαι, führe mich herum und zeige. Dial. deor. 20, 1: πρὸς τοῦ Πλούτωνος, ὦ Αἰακέ, περιήγησαί μοι τὰ ἐν Ἅιδου πάντα. — ὡς ἐπανέλθοιμι, s. zu I, 4; vgl. c. 2: ὡς κατίδοις. -- καὶ ἰδών. Worauf bezieht sich καί? διολισθαίνοντες. Die att. Form wäre διολισθάνοντες. — κἀγώ σοι, Dativus ethicus; vgl. c. 5. 8. u. s. — ἔμπαλιν, contra, vicissim. — ἀμβλυώττων, näml. σφάλλομαι. — Κυλλήνιε, so genannt von dem Gebirge Κυλλήνη an der Grenze Arkadiens und Achajas, das ihm als seine Geburtsstätte heilig war. — ἐς ἀεί, für immer, für ewige Zeiten.

2. καταστήσεται, s. zu II, 11. ebend. 86: μυρίων κακῶν μοι αἴτιος οὗτος κατέστη u. c. 38. — τί γὰρ ἄν κτέ., vgl. II, 39. —

σε ἰδεῖν καθ' ἕκαστον ἀκριβῶς ἀμήχανόν ἐστιν, ὦ πορθμεῦ·
πολλῶν γὰρ ἂν ἐτῶν ἡ διατριβὴ γένοιτο. εἶτα ἐμὲ μὲν κηρύτ
τεσθαι δεήσει καθάπερ ἀποδράντα ὑπὸ τοῦ Διός, σὲ δὲ καὶ
αὐτὸν κωλύσει ἐνεργεῖν τὰ τοῦ Θανάτου ἔργα καὶ τὴν Πλού
τωνος ἀρχὴν ζημιοῦν μὴ νεκραγωγοῦντα πολλοῦ τοῦ χρόνου·
κᾆτα ὁ τελώνης Αἰακὸς ἀγανακτήσει μηδ' ὀβολὸν ἐμπολῶν.
ὡς δὲ τὰ κεφάλαια τῶν γιγνομένων ἴδοις, τοῦτο ἤδη σκεπτέον.

ΧΑΡ. Αὐτός, ὦ Ἑρμῆ, ἐπινόει τὸ βέλτιστον· ἐγὼ δὲ οὐ
δὲν οἶδα τῶν ὑπὲρ γῆς ξένος ὤν.

ΕΡΜ. Τὸ μὲν ὅλον, ὦ Χάρων, ὑψηλοῦ τινος ἡμῖν δεῖ χω
ρίου; ὡς ἀπ' ἐκείνου πάντα κατίδοις· σοὶ δὲ εἰ μὲν ἐς τὸν οὐ
ρανὸν ἀνελθεῖν δυνατὸν ἦν, οὐκ ἂν ἐκάμνομεν· ἐκ περιωπῆς
γὰρ ἂν ἀκριβῶς ἅπαντα καθεώρας. ἐπεὶ δὲ οὐ θέμις εἰδώλοις
ἀεὶ ξυνόντα ἐπιβατεύειν τῶν βασιλείων τοῦ Διός, ὥρα ἡμῖν
ὑψηλόν τι ὄρος περισκοπεῖν.

3. ΧΑΡ. Οἶσθα, ὦ Ἑρμῆ, ἅπερ εἴωθα λέγειν ἐγὼ πρὸς
ὑμᾶς, ἐπειδὰν πλέωμεν; ὁπόταν γὰρ τὸ πνεῦμα καταιγίσαν
πλαγίᾳ τῇ ὀθόνῃ ἐμπέσῃ καὶ τὸ κῦμα ὑψηλὸν ἀρθῇ, τότε ὑμεῖς
μὲν ὑπ' ἀγνοίας κελεύετε τὴν ὀθόνην στεῖλαι ἢ ἐνδοῦναι ὀλί
γον τοῦ ποδὸς ἢ συνεκδραμεῖν τῷ πνέοντι, ἐγὼ δὲ τὴν ἡσυ

πάντα .. καθ' ἕκαστον, Alles eins nach dem andern, Alles im Einzelnen. — κηρύττεσθαι, durch den Herold ausgerufen werden, verbinde mit ὑπὸ τοῦ Διός. War ein Sklave entlaufen, so wurde das durch den Herold öffentlich bekannt gemacht, damit ihn jeder ergreifen und seinem Herrn wiederbringen konnte. — κωλύσει, es (die Sache) wird verhindern, näml. ἡ διατριβή; bei ζημιοῦν muss aus κωλύσει ein affirmatives ποιήσει od. ἀναγκάσει in Gedanken ergänzt werden. — ἐνεργεῖν, ausführen, verrichten. — πολλοῦ τοῦ χρόνου, innerhalb langer Zeit. Vgl. Fugit. 21. Ebenso cap. 23.: δέκα ὅλων ἐτῶν, ganzer zehn Jahre. — ὁ τελώνης Αἰακός. Im Catapl. 4. zählt ihm Hermes die Todten zu; vgl. damit was Charon Dial. mort. 4, 3. sagt. Sonst erscheint er in der Regel als einer der drei Richter in der Unterwelt. — ἐμπολῶν. Catapl. 1: ἡμεῖς δὲ οὐδέπω οὐδ' ὀβολὸν ἐμπεπολήκαμεν. Ueber das Partic. zu II, 9. — ὡς, wie, auf welche Weise. — τὸ μὲν ὅλον, omnino, ut paucis dicam. Dial. deor. 19, 2. Dial. mort. 1, 2. Catapl. 26. Jup. conf. 12. Ebenso ὅλως. — περιωπῆς, Warte, hier bildlich vom Himmel. — ξυνόντα, näml. σέ.

3. πλαγίᾳ, proleptisch, s. zu II, 5.; ebenso ὑψηλόν. — τὴν ὀθόνην στεῖλαι, das Segel einziehen. Ver. hist. 1, 6. — τοῦ ποδός. ὁ ποῦς hier die Schot, ein Tau an den untern Zipfeln des Segels (Schothörnern), deren es zwei gab, vermittelst dessen das Segel bald angespannt bald nachgelassen wurde. Der Genetivus ebenso Aristoph. equ. 436: τοῦ ποδὸς παρίει. — συνεκδραμεῖν τῷ πνέοντι, d. i. sich vom Winde forttreiben lassen. τῷ πνέ

χίαν ἄγειν παρακελεύομαι ὑμῖν· αὐτὸς γὰρ εἰδέναι τὸ βέλτιον. κατὰ ταὐτὰ δὴ καὶ σὺ πρᾶττε ὁπόσα καλῶς ἔχειν νομίζεις κυβερνήτης νῦν γε ὤν· ἐγὼ δέ, ὥσπερ ἐπιβάταις νόμος, σιωπῇ καθεδοῦμαι πάντα πειθόμενος κελεύοντί σοι.

ΕΡΜ. Ὀρθῶς λέγεις· αὐτὸς γὰρ εἴσομαι τί ποιητέον καὶ ἐξευρήσω τὴν ἱκανὴν σκοπήν. ἆρ' οὖν ὁ Καύκασος ἐπιτήδειος ἢ ὁ Παρνασὸς ὑψηλότερος ἢ ἀμφοῖν ὁ Ὄλυμπος ἐκεινοσί; καίτοι οὐ φαῦλον ὃ ἀνεμνήσθην ἐς τὸν Ὄλυμπον ἀπιδών· συγκαμεῖν δέ τι καὶ ὑπουργῆσαι καὶ σὲ δεῖ.

ΧΑΡ. Πρόσταττε· ὑπουργήσω γὰρ ὅσα δυνατά.

ΕΡΜ. Ὅμηρος ὁ ποιητής φησι τοὺς Ἀλωέως υἱέας, δύο καὶ αὐτοὺς ὄντας, ἔτι παῖδας ἐθελῆσαί ποτε τὴν Ὄσσαν ἐκ βάθρων ἀνασπάσαντας ἐπιθεῖναι τῷ Ὀλύμπῳ, εἶτα τὸ Πήλιον ἐπ' αὐτῇ, ἱκανὴν ταύτην κλίμακα ἕξειν οἰομένους καὶ πρόσβασιν ἐπὶ τὸν οὐρανόν. ἐκείνω μὲν οὖν τὼ μειρακίω, ἀτασθάλω γὰρ ἤστην, δίκας ἐτισάτην· νὼ δὲ — οὐ γὰρ ἐπὶ κακῷ τῶν θεῶν ταῦτα βουλεύομεν — τί οὐχὶ οἰκοδομοῦμεν καὶ αὐτοὶ κατὰ τὰ αὐτὰ ἐπικυλινδοῦντες ἐπάλληλα τὰ ὄρη, ὡς ἔχοιμεν ἀφ' ὑψηλοτέρου ἀκριβεστέραν τὴν σκοπήν;

4. ΧΑΡ. Καὶ δυνησόμεθα, ὦ Ἑρμῆ, δύ' ὄντες ἀναθέσθαι ἀράμενοι τὸ Πήλιον ἢ τὴν Ὄσσαν;

---

οντι, näml. ἀνέμῳ. Aehnl. Hermotim. 28: ἢν ἅπαξ ἐκιδῷ τῇ πνεούσῃ (näml. αὔρᾳ) τις αὑτόν. — τὴν ἡσυχίαν, die gewöhnliche, gehörige Ruhe. So häufig mit dem Artikel; vgl. Dial. deor. 15, 3. Piscat. 27. Ver. hist. 1, 38. Eunuch. 6.; ohne Artikel, Jud. voc. 2. Dial. mar. 15, 3. Icarom. 26. Pro imag. 15 u. ö. — αὐτὸς γὰρ εἰδέναι, näml. ἔφην od. ἔλεγον, was in Gedanken aus παρακελεύομαι zu ergänzen. Toxar. 58: ὁ δὲ Σισίνης παρεμυθεῖτο καὶ ἱκέτευε μηδὲν τοιοῦτον ποιεῖν· αὐτὸς γὰρ ἐπινοήσειν. — κατὰ ταὐτά, auf gleiche Weise, ebenso. — πάντα, in allen Stücken. Toxar. 56: πειστέον καὶ ταῦτά σοι νομοθετοῦντι. — Παρνασός, Gebirge in Phokis. — ἀμφοῖν, näml. ὑψηλότερος. — Ὅμηρος, Odyss. 11, 305—320. — τοὺς Ἀλωέως υἱέας, Otos und Ephialtes, Söhne des Poseidon u. der Iphimedia, der Gemahlin des Aloeus, welche alle Jahre eine Elle in die Breite und eine Klafter in die Länge wuchsen. So massen sie im neunten Jahre neun Ellen in der Breite und neun Klaftern in der Länge und bedrohten nun durch Uebereinandersetzen der hier genannten Gebirge die Götter auf dem Olympos. — δύο καὶ αὐτούς, wie ich und du. — Ὄσσαν, Gebirge Thessaliens, südöstlich davon Pelion. — ταύτην κλίμακα, s. zu II, 10. — ἀφ' ὑψηλοτέρου, von einem höheren Punkte.

4. δύ' ὄντες, wir: die wir nur zwei sind. Vgl. weiter unten εἷς ὤν. Ebenso Jup. conf. 19: καὶ ταῦτα τρεῖς οὖσαι. — ἀναθέσθαι, nämlich auf den Olym-

ΕΡΜ. Διὰ τί δ' οὐκ ἄν, ὦ Χάρων; ἢ ἀξιοῖς ἡμᾶς ἀγεννεστέρους εἶναι τοῖν βρεφυλλίοιν ἐκείνοιν, καὶ ταῦτα θεοὺς ὑπάρχοντας;

ΧΑΡ. Οὔκ, ἀλλὰ τὸ πρᾶγμα δοκεῖ μοι ἀπίθανόν τινα τὴν μεγαλουργίαν ἔχειν.

ΕΡΜ. Εἰκότως· ἰδιώτης γὰρ εἶ, ὦ Χάρων, καὶ ἥκιστα ποιητικός· ὁ δὲ γεννάδας Ὅμηρος ἀπὸ δυοῖν στίχοιν αὐτίκα ἡμῖν ἀμβατὸν ἐποίησε τὸν οὐρανόν, οὕτω ῥᾳδίως συνθεὶς τὰ ὄρη. καὶ θαυμάζω, εἴ σοι ταῦτα τεράστια εἶναι δοκεῖ τὸν Ἄτλαντα δηλαδὴ εἰδότι, ὃς τὸν πόλον αὐτὸν εἷς ὢν φέρει ἀνέχων ἡμᾶς ἅπαντας. ἀκούεις δέ γε ἴσως καὶ τοῦ ἀδελφοῦ τοῦ ἐμοῦ πέρι τοῦ Ἡρακλέους, ὡς διαδέξαιτό ποτε αὐτὸν ἐκεῖνον τὸν Ἄτλαντα καὶ ἀναπαύσειε πρὸς ὀλίγον τοῦ ἄχθους ὑποθεὶς ἑαυτὸν τῷ φορτίῳ.

ΧΑΡ. Ἀκούω καὶ ταῦτα· εἰ δὲ ἀληθῆ, σὺ ἄν, ὦ Ἑρμῆ, καὶ οἱ ποιηταὶ εἰδείητε.

ΕΡΜ. Ἀληθέστατα, ὦ Χάρων. ἢ τίνος γὰρ ἕνεκα σοφοὶ ἄνδρες ἐψεύδοντο ἄν; ὥστε ἀναμοχλεύωμεν τὴν Ὄσσαν πρῶτον, ὥσπερ ἡμῖν ὑφηγεῖται τὸ ἔπος καὶ ὁ ἀρχιτέκτων,

αὐτὰρ ἐπ' Ὄσσῃ
Πήλιον εἰνοσίφυλλον.

ὁρᾷς, ὅπως ῥᾳδίως ἅμα καὶ ποιητικῶς ἐξειργάσμεθα; φέρ' 5 οὖν ἀναβὰς ἴδω, εἰ καὶ αὐτῷ ἐποικοδομεῖν δεήσει. 5. παπαῖ, κάτω ἔτι ἐσμὲν ἐν ὑπωρείᾳ τοῦ οὐρανοῦ· ἀπὸ μὲν γὰρ τῶν ἑῴων μόγις Ἰωνία καὶ Λυδία φαίνεται, ἀπὸ δὲ τῆς ἑσπέρας οὐ

ρος. — διὰ τί δ' οὐκ ἄν, näml. δυναίμεθα. — ἀξιοῖς, glauben, meinen. — ἀπίθανόν τινα τὴν μεγαλουργίαν, s. zu I, 1. — ἰδιώτης, ein prosaischer Mensch. — ἀπό, mittelst, durch; c. 19: ἀφ' ὧν ξυναγείρεται ὁ ἀφρός. — ἀμβατόν, vgl. Odyss. 11, 316. — συνθείς. Ebenso steht das Particip. Tim. 25: ὅπερ οὐδ' ὁ Λυγκεὺς ἂν ἐξεύροι ῥᾳδίως, ἀμαυρὸν οὕτω καὶ μικρὸν ὄν. — τὸν Ἄτλαντα, Sohn des Titanen Iapetos und der Okeanide Klymene. Derselbe war von Zeus verurtheilt am westlichen Erdrande mit Kopf und Händen den Himmel zu tragen, weil er die Titanen im Kampfe gegen Zeus angeführt hatte. — ἀκούεις. Dieses Präsens häufig in der Bedeutung des Praeterit., Dial. mort. 14, 3. Gall. 13. Navig. 26 u. ö. — ὡς διαδέξαιτο. διαδέχεσθαι, ablösen. — πρὸς ὀλίγον, auf kurze Zeit. — εἰ δὲ ἀληθῆ näml. ἐστι. Hermot. 78: μὴ ἐξετάσας, εἰ ἀληθῆ. — ἢ τίνος γάρ, s. zu III, 9. — σοφοὶ ἄνδρες, von den Dichtern. — ἀναμοχλεύωμεν, s. zu II, 30. — ἀρχιτέκτων, d. i. Homeros, Odyss. 11, 315. — ὅπως, quam; vgl. c. 17. Jup. trag. 14.

5. ἀπὸ τῶν ἑῴων, von Morgen her, gegen M. S. zu I,

πλέον Ἰταλίας καὶ Σικελίας, ἀπὸ δὲ τῶν ἀρκτῴων τὰ ἐπὶ τάδε τοῦ Ἴστρου μόνον, κἀκεῖθεν ἡ Κρήτη οὐ πάνυ σαφῶς. μετακινητέα ἡμῖν, ὦ πορθμεῦ, καὶ ἡ Οἴτη, ὡς ἔοικεν, εἶτα ὁ Παρνασὸς ἐπὶ πᾶσιν.

ΧΑΡ. Οὕτω ποιῶμεν. ὅρα μόνον, μὴ λεπτότερον ἐξεργασώμεθα τὸ ἔργον ἀπομηκύναντες πέρα τοῦ πιθανοῦ, εἶτα συγκαταρριφέντες αὐτῷ πικρᾶς τῆς Ὁμήρου οἰκοδομητικῆς πειραθῶμεν ξυντριβέντες τῶν κρανίων.

ΕΡΜ. Θάρρει· ἀσφαλῶς ἕξει ἅπαντα. μετατίθει τὴν Οἴτην· ἐπικυλινδείσθω ὁ Παρνασός. ἰδοὺ δή, ἐπάνειμι αὖθις· εὖ ἔχει· πάντα ὁρῶ· ἀνάβαινε ἤδη καὶ σύ.

ΧΑΡ. Ὄρεξον, ὦ Ἑρμῆ, τὴν χεῖρα· οὐ γὰρ ἐπὶ μικράν με ταύτην μηχανὴν ἀναβιβάζεις.

ΕΡΜ. Εἴ γε καὶ ἰδεῖν ἐθέλεις, ὦ Χάρων, ἅπαντα· οὐκ ἔνι δὲ ἄμφω καὶ ἀσφαλῆ καὶ φιλοθεάμονα εἶναι. ἀλλ' ἔχου μου τῆς δεξιᾶς καὶ φείδου μὴ κατὰ τοῦ ὀλισθηροῦ πατεῖν. εὖ γε, ἀνελήλυθας καὶ σύ· ἐπείπερ δὲ δικόρυμβος ὁ Παρνασός ἐστι, μίαν ἑκάτερος ἄκραν ἀπολαβόμενοι καθεζώμεθα· σὺ δέ μοι ἤδη ἐν κύκλῳ περιβλέπων ἐπισκόπει ἅπαντα.

6. ΧΑΡ. Ὁρῶ γῆν πολλὴν καὶ λίμνην τινὰ μεγάλην περιρρέουσαν καὶ ὄρη καὶ ποταμοὺς τοῦ Κωκυτοῦ καὶ Πυριφλεγέθοντος μείζονας καὶ ἀνθρώπους πάνυ σμικροὺς καί τινας φωλεοὺς αὐτῶν.

---

15. — τὰ ἐπὶ τάδε, die diesseitigen Gegenden. — Οἴτη, s. zu II, 6. — ἐπὶ πᾶσιν, auf alle Berge. — λεπτότερον, näml. als recht ist. — πικρᾶς als Prädicat mit πειραθ. zu verbinden. — ξυντριβέντες τῶν κρανίων, vgl. II, 48: κατέαγα τοῦ κρανίου, und das die Anm. — ἐπὶ μικρὰν ταύτην μηχανὴν = οὐ γὰρ μικρά ἐστιν αὕτη ἡ μηχανή, ἐφ' ἣν με ἀναβιβάζεις. Wir drücken das Pronom. in solcher Verbindung mit da, hier aus; Dial. mort. 13, 3: ἔτι ἐν Βαβυλῶνι κεῖμαι τριακοστὴν ταύτην ἡμέραν. Vgl. Kr. Gr. §. 52, 11, 22. — εἴ γε καὶ ἰδεῖν ἐθέλεις, ὦ Χάρ., ἅπαντα, zu ergänzen aus den Worten des Charon: du musst hier herauf steigen, oder das kann nichts helfen, wenn u. s. w., oder etwas Aehnliches. — ἔχου, halte dich fest an. — φείδου μή, hüte dich. Anachars. 1. Bis acc. 14. — δικόρυμβος, ebenso bei Ovid. Metam. 2, 221 biceps. Zwei durch bacchischen Cultus berühmte Gipfel haben spätere Schriftsteller veranlasst ihn so zu nennen. — ἀπολαβόμενοι. Bis acc. 9: τὸ ὑπὸ τῇ ἀκροπόλει σπήλαιον τοῦτο ἀπολαβόμενος οἰκεῖ μικρὸν ὑπὲρ τοῦ Πελασγικοῦ.

6. λίμνην τινά, eine Art See. Charon denkt hier an den Acheron, der mit dem Ocean vergleicht. — τοῦ Κωκυτοῦ καὶ Πυριφλεγέθοντος, Flüsse der Unterwelt. —

*ΕΡΜ.* Πόλεις ἐκεῖναί εἰσιν, οὓς φωλεοὺς εἶναι νομίζεις.

*ΧΑΡ.* Οἶσθα οὖν, ὦ Ἑρμῆ, ὡς οὐδὲν ἡμῖν πέπρακται, ἀλλὰ μάτην τὸν Παρνασὸν αὐτῇ Κασταλίᾳ καὶ τὴν Οἴτην καὶ τὰ ἄλλα ὄρη μετεκινήσαμεν;

*ΕΡΜ.* Ὅτι τί;

*ΧΑΡ.* Οὐδὲν ἀκριβὲς ἐγὼ γοῦν ἀπὸ τοῦ ὑψηλοῦ ὁρῶ· ἐδεόμην [δὲ] οὐ πόλεις καὶ ὄρη αὐτὸ μόνον ὥσπερ ἐν γραφαῖς ὁρᾶν, ἀλλὰ τοὺς ἀνθρώπους αὐτοὺς καὶ ἃ πράττουσι καὶ οἷα λέγουσιν, ὥσπερ ὅτε με τὸ πρῶτον ἐντυχὼν εἶδες γελῶντα καὶ ἤρου με ὅ τι γελῴην· ἀκούσας γάρ τινος ἥσθην ἐς ὑπερβολήν.

*ΕΡΜ.* Τί τοῦτ' ἦν;

*ΧΑΡ.* Ἐπὶ δεῖπνον, οἶμαι, κληθεὶς ὑπό τινος τῶν φίλων ἐς τὴν ὑστεραίαν, Μάλιστα ἥξω, ἔφη, καὶ μεταξὺ λέγοντος ἀπὸ τοῦ τέγους κεραμὶς ἐμπεσοῦσα οὐκ οἶδ' ὅτου κινήσαντος ἀπέκτεινεν αὐτόν. ἐγέλασα οὖν, οὐκ ἐπιτελέσαντος τὴν ὑπόσχεσιν. ἔοικα δὲ καὶ νῦν ὑποκαταβήσεσθαι, ὡς μᾶλλον βλέποιμι καὶ ἀκούοιμι.

7 7. *ΕΡΜ.* Ἔχ' ἀτρέμας· καὶ τοῦτο γὰρ ἐγὼ ἰάσομαί σοι καὶ ὀξυδερκέστατον ἐν βραχεῖ ἀποφανῶ παρ' Ὁμήρου τινὰ καὶ πρὸς τοῦτο ἐπῳδὴν λαβών, κἀπειδὰν εἴπω τὰ ἔπη, μέμνησο μηκέτι ἀμβλυώττειν, ἀλλὰ σαφῶς πάντα ὁρᾶν.

*ΧΑΡ.* Λέγε μόνον.

*ΕΡΜ.* Ἀχλὺν δ' αὖ τοι ἀπ' ὀφθαλμῶν ἕλον, ἣ πρὶν ἐπῆεν,

οὓς φωλεούς für ἃς φωλεούς, Kr. Gr. §. 61, 7, 8. Ebenso im Latein., Cic. pro Sest. 42: domicilia coniuncta, quas urbes dicimus; Zumpt §. 372. — ἡμῖν, s. zu III, 6. — αὐτῇ Κασταλίᾳ, s. zu II, 22. Ein den Musen heiliger Quell auf dem Parnasos. — ὅτι τί; näml. ἐστίν, weil was ist? aus welchem Grunde? Kr. Gr. §. 51, 17, 8. Vgl. Catapl. 13. Fugit. 22. Demosth. enc. 22. — αὐτὸ μόνον, nichts anderes als St. und Berge, d. i. blosse St. u. B., eben nur St. u. B., s. zu I, 9. — γραφαῖς, wahrscheinl. gemalte Landkarten. — οἷα λέγουσιν, hängt zeugmatisch mit ὁρᾶν zusammen. Vgl. Arrian. 7, 15, 4: τὰ ὀνόματα καὶ τὰς σκευὰς ὀφθῆ-

ναι. — γάρ τινος, Neutrum. — κληθείς, eingeladen, wie im Latein. vocare. Ausserdem kein τίς zu ergänzen. — μάλιστα, ganz gewiss. — μεταξὺ λέγοντος, s. zu I, 17. — οὐκ οἶδ' ὅτου, nescio quo. — ἐπιτελέσαντος, näml. αὐτοῦ. — ἔοικα.. ὑποκαταβήσεσθαι, ich glaube od. gedenke weiter herabsteigen zu müssen, s. zu II, 34.
7. ἔχ' ἀτρέμας, verhalte dich ruhig. — ὀξυδερκέστατον, näml. σὲ — μέμνησο, sei bedacht, schicke dich an, strebe, daher mit dem Infinitiv. und nicht mit dem Particip., s. Kr. Gr. §. 56, 7, 10. Vgl. II, 19. Anachars. 38: μέμνησο μὴ καταγελάσαι. — ἀχλὺν δ' αὖ κτἑ., Worte der Athene

ὄφρ' εὖ γινώσκῃς ἠμὲν θεὸν ἠδὲ καὶ ἄνδρα.
τί ἐστιν; ἤδη ὁρᾷς;

ΧΑΡ. Ὑπερφυῶς γε· τυφλὸς ὁ Λυγκεὺς ἐκεῖνος ὡς πρὸς ἐμέ· ὥστε σὺ τὸ ἐπὶ τούτῳ προσδίδασκέ με καὶ ἀποκρίνου ἐρωτῶντι. ἀλλὰ βούλει κἀγὼ κατὰ τὸν Ὅμηρον ἐρήσομαί σε, ὡς μάθῃς οὐδ' αὐτὸν ἀμελέτητον ὄντα με τῶν Ὁμήρου;

ΕΡΜ. Καὶ πόθεν σὺ ἔχεις τι τῶν ἐκείνου εἰδέναι ναύτης ἀεὶ καὶ πρόσκωπος ὤν;

ΧΑΡ. Ὁρᾷς; ὀνειδιστικὸν τοῦτο ἐς τὴν τέχνην. ἐγὼ δὲ ὁπότε διεπόρθμευον αὐτὸν ἀποθανόντα, πολλὰ ῥαψῳδοῦντος ἀκούσας ἐνίων ἔτι μέμνημαι· καίτοι χειμὼν ἡμᾶς οὐ μικρὸς τότε κατελάμβανεν. ἐπεὶ γὰρ ἤρξατο ᾄδειν οὐ πάνυ αἴσιόν τινα ᾠδὴν τοῖς πλέουσιν, ὡς ὁ Ποσειδῶν συνήγαγε τὰς νεφέλας καὶ ἐτάραξε τὸν πόντον ὥσπερ τορύνην τινὰ ἐμβαλὼν τὴν τρίαιναν καὶ πάσας τὰς θυέλλας ὠρόθυνε καὶ ἄλλα πολλά, κυκῶν τὴν θάλατταν ὑπὸ τῶν ἐπῶν, χειμὼν ἄφνω καὶ γνόφος ἐμπεσὼν ὀλίγου δεῖν περιέτρεψεν ἡμῖν τὴν ναῦν, ὅτε περ καὶ ναυτιάσας ἐκεῖνος ἀπήμεσε τῶν ῥαψῳδιῶν τὰς πολλὰς αὐτῇ Σκύλλῃ καὶ Χαρύβδει καὶ Κύκλωπι. οὐ χαλεπὸν οὖν ἦν ἐκ τοσούτου ἐμέτου ὀλίγα γοῦν διαφυλάττειν. 8. εἰπὲ γάρ μοι·

τίς γὰρ ὅδ' ἐστὶ πάχιστος ἀνὴρ ἠύς τε μέγας τε,
ἔξοχος ἀνθρώπων κεφαλὴν καὶ εὐρέας ὤμους;

ΕΡΜ. Μίλων οὗτος ὁ ἐκ Κρότωνος ἀθλητής. ἐπικροτοῦσι

zu Diomedes Il. 5, 127 fg. — τί ἐστιν; wie steht's? — Λυγκεύς, einer der Argonauten, berühmt wegen der Schärfe seines Gesichts, vermöge welcher er sogar in das Innerste der Erde zu sehen im Stande war. — ὡς πρὸς ἐμέ, s. zu II, 15. — τὸ ἐπὶ τούτῳ, darauf, weiter; Dial. deor. 1, 2. Toxar. 38. Jup. tr. 28 u. ö. — προσδίδασκε, belehre dazu, näml. ausserdem, dass du mich sehend gemacht hast. — βούλει.. ἐρήσομαι, s. zu II, 37. — ἀμελέτητον, unbewandert, Gall. 18. Paras. 60. — ὁρᾷς; ὀνειδιστ. τοῦτο ἐς τὴν τέχνην, siehst du? das ist eine Schmähung auf mein Geschäft, d. h. das ist eine offenbare Schm. u. s. w. Jup. conf. 9: ὁρᾷς; ταῦτα ἤδη ὑβριστικὰ φῄς. — ἤρξατο ᾄδειν, Kr. Gr. §. 56, 5, 1. — ὡς, wie nämlich. Vgl. Odyss. 5, 291 ff. — ἄλλα πολλά, näml. ἤδε od. etwas Aehnliches. — κυκῶν, näml. Ὅμηρος. — ὑπὸ τῶν ἐπῶν, durch seine Verse. Dial. mar. 11, 1: ὑπὸ τῶν νεκρῶν ἐνέφραττέ μοι τὸν ῥοῦν. — ὀλίγου δεῖν, s. zu I, 6. — ὅτε περ καί, und da gerade auch; Toxar. 24. Alex. 59. — αὐτῇ Σκύλλῃ, s. zu II, 22.

8. τίς γὰρ κτέ., Parodie von Il. 3, 226, wo es von Aias heisst: τίς τ' ἄρ' ὅδ' ἄλλος Ἀχαιὸς ἀνὴρ ἠύς τε μέγας τε, ἔξοχος Ἀργείων κεφαλήν τε καὶ εὐρέας ὤμους; — Μίλων, jener berühmte Athlet (um Ol. 67. etwa 510 v. Chr.), der sechs Mal in den olympischen und sieben Mal in den pythischen

δ' αὐτῷ οἱ Ἕλληνες, ὅτι τὸν ταῦρον ἀράμενος φέρει διὰ τοῦ σταδίου μέσου.

ΧΑΡ. Καὶ πόσῳ δικαιότερον ἂν ἐμέ, ὦ Ἑρμῆ, ἐπαινοῖεν, ὃς αὐτόν σοι τὸν Μίλωνα μετ' ὀλίγον ξυλλαβὼν ἐνθήσομαι ἐς τὸ σκαφίδιον, ὁπόταν ἥκῃ πρὸς ἡμᾶς ὑπὸ τοῦ ἀναλωτοτάτου τῶν ἀνταγωνιστῶν καταπαλαισθεὶς τοῦ Θανάτου, μηδὲ ξυνεὶς ὅπως αὐτὸν ὑποσκελίζει· κᾆτα οἰμώξεται ἡμῖν δηλαδὴ μεμνημένος τῶν στεφάνων τούτων καὶ τοῦ κρότου· νῦν δὲ μέγα φρονεῖ θαυμαζόμενος ἐπὶ τῇ τοῦ ταύρου φορᾷ. τί δ' οὖν οἰηθῶμεν; ἆρα ἐλπίζειν αὐτὸν καὶ τεθνήξεσθαί ποτε;

ΕΡΜ. Πόθεν ἐκεῖνος θανάτου νῦν μνημονεύσειεν ἂν ἐν ἀκμῇ τοσαύτῃ;

ΧΑΡ. Ἔα τοῦτον οὐκ εἰς μακρὰν γέλωτα ἡμῖν παρέξοντα, ὁπόταν πλέῃ μηδ' ἐμπίδα ἡμῖν οὐχ ὅπως ταῦρον ἔτι ἄρασθαι 9 δυνάμενος. 9. σὺ δέ μοι ἐκεῖνο εἰπέ,

τίς τ' ἄρ' ὅδ' ἄλλος ὁ σεμνὸς ἀνήρ;

οὐχ Ἕλλην, ὡς ἔοικεν ἀπὸ γοῦν τῆς στολῆς.

ΕΡΜ. Κῦρος, ὦ Χάρων, ὁ Καμβύσου, ὃς τὴν ἀρχὴν πάλαι Μήδων ἐχόντων νῦν Περσῶν ἤδη ἐποίησεν εἶναι· καὶ Ἀσσυρίων δ' ἔναγχος οὗτος ἐκράτησε καὶ Βαβυλῶνα παρεστήσατο καὶ νῦν ἐλασείοντι ἐπὶ Λυδίαν ἔοικεν, ὡς καθελὼν τὸν Κροῖσον ἄρχειν ἁπάντων.

---

Spielen siegte. — τὸν ταῦρον, τὸν weil von einer allbekannten Sache die Rede ist. — διὰ τοῦ σταδίου. Cicer. de senect. 10, 33: Olympiae per stadium ingressus esse Milo dicitur, quum humeris sustineret bovem vivum. — μέσου, nicht oft so nachgestellt; Bis acc. 46: διὰ τῆς ἀγορᾶς μέσης. ibid. 17. Alex. 47: ἐς τὴν ἀγορὰν μέσην. Kr. Gr. §. 50, 11, 5. — μηδὲ ξυνείς, von der Zeit in der Zukunft, wann Milo todt sein wird, zu verstehen. καταπαλαισθείς in der Bedeutung des Futur. exact. — οἰηθῶμεν, sollen wir glauben. — ἐλπίζειν, erwarten. Gall. 25: κἀξ ἐκείνων ἀεί τι δεινὸν ἐλπίζειν ἥξειν. Dial. deor. 25, 1. — ὁπόταν πλέῃ, im Nachen des Charon. — οὐχ ὅπως, s. zu III, 8.

9. ὡς ἔοικεν ἀπὸ γοῦν τῆς στολῆς, wie es dem Anzuge wenigstens nach scheint. Catapl. 22: ἔοικεν ἀπό γε τοῦ σχήματος. Hermot. 47: ἔοικεν ἀπὸ γε τούτων. u. s. — ἐποίησεν, es dahin gebracht od. bewirkt hat, dass. Prometh. in verb. 3: Ἀθηνᾶ ἔμψυχα ποιοῦσα εἶναι τὰ πλάσματα. — καὶ Ἀσσυρίων δέ, s. zu II, 33. — παρεστήσατο, sich (sibi) unterwerfen; häufig so bei den Historikern. — ἐλασείοντι — ἔοικεν, er scheint damit umzugehen zu ziehen; s. Kr. Gr. §. 56, 4, 9. Es ist ein Anachronismus, wenn Luc. hier den Kyros Babylon vor dem Feldzuge gegen Krösos erobern lässt. Er hatte Lydien früher (546) als Babylon (538) unterworfen. Auch Milon lebte nicht zur Zeit des

*ΧΑΡ.* Ὁ Κροῖσος δὲ ποῦ ποτε κἀκεῖνός ἐστιν;
*ΕΡΜ.* Ἐκεῖσε ἀπόβλεψον ἐς τὴν μεγάλην ἀκρόπολιν τὴν τὸ τριπλοῦν τεῖχος· Σάρδεις ἐκεῖναι, καὶ τὸν Κροῖσον αὐτὸν ὁρᾷς ἤδη ἐπὶ κλίνης χρυσῆς καθήμενον Σόλωνι τῷ Ἀθηναίῳ διαλεγόμενον. βούλει ἀκούσωμεν αὐτῶν ὅ τι καὶ λέγουσι;
*ΧΑΡ.* Πάνυ μὲν οὖν.
10. *ΚΡΟΙΣ.* Ὦ ξένε Ἀθηναῖε, εἶδες γάρ μου τὸν πλοῦ- 10 τον καὶ τοὺς θησαυροὺς καὶ ὅσος ἄσημος χρυσός ἐστιν ἡμῖν καὶ τὴν ἄλλην πολυτέλειαν, εἰπέ μοι, τίνα ἡγῇ τῶν ἁπάντων ἀνθρώπων εὐδαιμονέστατον εἶναι.
*ΧΑΡ.* Τί ἄρα ὁ Σόλων ἐρεῖ;
*ΕΡΜ.* Θάρρει· οὐδὲν ἀγεννές, ὦ Χάρων.
*ΣΟΛ.* Ὦ Κροῖσε, ὀλίγοι μὲν οἱ εὐδαίμονες· ἐγὼ δὲ ὧν οἶδα Κλέοβιν καὶ Βίτωνα ἡγοῦμαι εὐδαιμονεστάτους γενέσθαι, τοὺς τῆς ἱερείας παῖδας τῆς Ἀργόθεν.
*ΧΑΡ.* Φησὶν οὗτος τοὺς ἅμα πρῴην ἀποθανόντας, ἐπεὶ τὴν μητέρα ὑποδύντες εἵλκυσαν ἐπὶ τῆς ἀπήνης ἄχρι πρὸς τὸ ἱερόν.
*ΚΡΟΙΣ.* Ἔστω· ἐχέτωσαν ἐκεῖνοι τὰ πρῶτα τῆς εὐδαιμονίας. ὁ δεύτερος δὲ τίς ἂν εἴη;
*ΣΟΛ.* Τέλλος ὁ Ἀθηναῖος, ὃς εὖ τε ἐβίω καὶ ἀπέθανεν ὑπὲρ τῆς πατρίδος.
*ΚΡΟΙΣ.* Ἐγὼ δέ, ὦ κάθαρμα, οὔ σοι δοκῶ εὐδαίμων εἶναι;

Kyros, sondern des Dareios Hystasp. — ὡς.. ἄρχειν, um zu herrschen. Toxar. 19: σπείρας τινὰς ἐπισυρομένους, ὡς τὸ ῥόθιον ἐπιδέχεσθαι τῆς ὁρμῆς. Diese Construction findet sich erst bei Späteren; s. Kr. Gr. §. 65, 3, 4. — τὴν τὸ τριπλοῦν τεῖχος, die mit der dreifachen Mauer. Vgl. c. 14: ὁ τὸ διάδημα. c. 23: ἢ τὸν μέγαν περίβολον u. ö., s. zu II, 7. — ὅ τι καί, quid tandem. — πάνυ μὲν οὖν, ja wohl; Kr. Gr. §. 64, 5, 4.
10. εἶδες γὰρ κτἑ. Der Satz mit γάρ steht dem folgenden, den er begründet, voran. Dial. mort. 21, 1: ὦ Κέρβερε, συγγενὴς γάρ εἰμί σοι κύων καὶ αὐτός ὤν, εἰπέ μοι πρὸς τῆς Στυγός. u. ö. Kr. Gr.

§. 69, 14, 8. — τῶν ἁπάντων ἀνθρώπων, unter den sämmtlichen Menschen. Laps. in sal. 11: τῶν ἁπάντων ἀγαθῶν. I, 9: τὴν ἅπασαν ἐλπίδα. Dial. deor. 6, 5: οἱ πάντες ἄνθρωποι. Kr. Gr. §. 50, 11, 12. — ὧν = τούτων, οὕς — Κλέοβιν καὶ Βίτωνα, aus Herodotos 1, 30 ff., bei dem aber Tellos die erste Stelle einnimmt. — ὑποδύντες, näml. ὑπὸ τὸ ζυγόν. Herodot. 1, 31: οἱ νεηνίαι ὑποδύντες αὐτοὶ ὑπὸ τὴν ζεύγλην εἷλκον τὴν ἅμαξαν. Vgl. Demon. 61: οὗτοι μέντοι ὑποδύντες ἐκόμιζον αὐτὸν ἄχρι πρὸς τὸν τάφον. — τὰ πρῶτα, principatum. Conviv. 9: ἔχε, ὦ Ζηνόθεμι, τὰ πρῶτα. — ὦ κάθαρμα, du Wegwurf; vgl. Piscat. 34.

ΣΟΛ. Οὐδέπω οἶδα, ὦ Κροῖσε, ἢν μὴ πρὸς τὸ τέλος ἀφίκῃ τοῦ βίου· ὁ γὰρ θάνατος ἀκριβὴς ἔλεγχος τῶν τοιούτων καὶ τὸ ἄχρι πρὸς τὸ τέρμα εὐδαιμόνως διαβιῶναι.

ΧΑΡ. Κάλλιστα, ὦ Σόλων, ὅτι ἡμῶν οὐκ ἐπιλέλησαι, ἀλλὰ παρὰ τὸ πορθμεῖον αὐτὸς ἀξιοῖς γίνεσθαι τὴν περὶ τῶν τοιούτων κρίσιν. 11. ἀλλὰ τίνας ἐκείνους ὁ Κροῖσος ἐκπέμπει ἢ τί ἐπὶ τῶν ὤμων φέρουσι;

ΕΡΜ. Πλίνθους τῷ Πυθίῳ χρυσᾶς ἀνατίθησι μισθὸν τῶν χρησμῶν, ὑφ' ὧν καὶ ἀπολεῖται μικρὸν ὕστερον· φιλόμαντις δὲ ὁ ἀνὴρ ἐκτόπως.

ΧΑΡ. Ἐκεῖνο γάρ ἐστιν ὁ χρυσός, τὸ λαμπρὸν ὃ ἀποστίλβει, τὸ ὕπωχρον μετ' ἐρυθήματος; νῦν γὰρ πρῶτον εἶδον ἀκούων ἀεί.

ΕΡΜ. Ἐκεῖνο, ὦ Χάρων, τὸ ἀοίδιμον ὄνομα καὶ περιμάχητον.

ΧΑΡ. Καὶ μὴν οὐχ ὁρῶ ὅ τι ἀγαθὸν αὐτῷ πρόσεστιν, εἰ μὴ ἄρα ἕν τι μόνον, ὅτι βαρύνονται οἱ φέροντες αὐτό.

ΕΡΜ. Οὐ γὰρ οἶσθα ὅσοι πόλεμοι διὰ τοῦτο καὶ ἐπιβουλαὶ καὶ λῃστήρια καὶ ἐπιορκίαι καὶ φόνοι καὶ δεσμὰ καὶ πλοῦς μακρὸς καὶ ἐμπορίαι καὶ δουλεῖαι;

ΧΑΡ. Διὰ τοῦτο, ὦ Ἑρμῆ, τὸ μὴ πολὺ τοῦ χαλκοῦ διαφέρον; οἶδα γὰρ τὸν χαλκόν, ὀβολόν, ὡς οἶσθα, παρὰ τῶν καταπλεόντων ἑκάστου ἐκλέγων.

ΕΡΜ. Ναί· ἀλλ' ὁ χαλκὸς μὲν πολύς, ὥστε οὐ πάνυ σπουδάζεται ὑπ' αὐτῶν· τοῦτον δὲ ὀλίγον ἐκ πολλοῦ τοῦ βάθους

---

Catapl. 16 u. ö. — αὐτός, von selbt, auf eigenen Antrieb.
11. τίνας ἐκείνους = τίνες ἐκεῖνοί εἰσιν, οὕς. Vgl. oben III, 21. Catapl. 27: τίνας τούτους λέγεις; u. ö. — μισθὸν τῶν χρησμῶν. Ungenau und irrthümlich. Die hier erwähnten goldenen Ziegel hatte Krösos früher dem delphischen Gotte gewidmet, als er das zweideutige Orakel erhielt. Dasselbe lautete:

Κροῖσος Ἅλυν διαβὰς μεγάλην ἀρχὴν καταλύσει.

Lateinisch bei Cicero de divin. 2, 56, 115:

Croesus Halym penetrans magnam pervertet opum vim.

— μικρὸν ὕστερον, so gewöhnlich, wie μικρὸν ἔμπροσθεν, bei Luc.; jedoch auch im Dativ., μικρῷ πρόσθεν Vit. auct. 19. Tox. 11. μικρῷ ἔμπροσθεν Dial. mort. 13, 8. — καὶ μήν, atqui, s. zu II, 15. — εἰ μὴ ἄρα, s. zu III, 13. — πλοῦς μακρός. Auffällig ist dieser Singular unter den Pluralen. — τὸ μὴ πολὺ τοῦ χ. διαφέρον, nähere Bestimmung von διὰ τοῦτο. — ἐκλέγων, eintreibend, einnehmend. — πολύς, ist in Masse vorhanden. — ἐκ πολλοῦ τοῦ

οἱ μεταλλεύοντες ἀνορύττουσι· πλὴν ἀλλ' ἐκ γῆς καὶ οὗτος ὥσπερ ὁ μόλυβδος καὶ τὰ ἄλλα.

ΧΑΡ. Δεινήν τινα λέγεις τῶν ἀνθρώπων τὴν ἀβελτερίαν, οἳ τοσοῦτον ἔρωτα ἐρῶσιν ὠχροῦ καὶ βαρέος κτήματος.

ΕΡΜ. Ἀλλ' οὐ Σόλων γε ἐκεῖνος, ὦ Χάρων, ἐρᾶν αὐτοῦ φαίνεται, ὅς, ὡς ὁρᾷς, καταγελᾷ τοῦ Κροίσου καὶ τῆς μεγαλαυχίας τοῦ βαρβάρου, καί μοι δοκεῖν ἐρέσθαι τι βούλεται αὐτόν· ἐπακούσωμεν οὖν.

12. ΣΟΛ. Εἰπέ μοι, ὦ Κροῖσε, οἴει γάρ τι δεῖσθαι τῶν πλίνθων τούτων τὸν Πύθιον;

ΚΡΟΙΣ. Νὴ Δία· οὐ γάρ ἐστιν αὐτῷ ἐν Δελφοῖς ἀνάθημα οὐδὲν τοιοῦτον.

ΣΟΛ. Οὐκοῦν μακάριον οἴει τὸν θεὸν ἀποφαίνειν, εἰ κτήσαιτο σὺν τοῖς ἄλλοις καὶ πλίνθους χρυσᾶς;

ΚΡΟΙΣ. Πῶς γὰρ οὔ;

ΣΟΛ. Πολλήν μοι λέγεις, ὦ Κροῖσε, πενίαν ἐν τῷ οὐρανῷ, εἰ ἐκ Λυδίας μεταστέλλεσθαι τὸ χρυσίον δεήσει αὐτούς, ἢν ἐπιθυμήσωσι.

ΚΡΟΙΣ. Ποῦ γὰρ τοσοῦτος ἂν γένοιτο χρυσὸς ὅσος παρ' ἡμῖν;

ΣΟΛ. Εἰπέ μοι, σίδηρος δὲ φύεται ἐν Λυδίᾳ;

ΚΡΟΙΣ. Οὐ πάνυ τι.

ΣΟΛ. Τοῦ βελτίονος ἄρα ἐνδεεῖς ἐστε.

ΚΡΟΙΣ. Πῶς ἀμείνων ὁ σίδηρος χρυσίου;

ΣΟΛ. Ἢν ἀποκρίνῃ μηδὲν ἀγανακτῶν, μάθοις ἄν.

βάθους, s. zu II, 13. — δεινήν τινα λέγεις . . τὴν ἀβελτερίαν, s. zu I, 1. — τοσοῦτον ἔρωτα ἐρῶσιν, s. zu II, 48. Dial. deor. 19, 2: ἴδιόν τινα ἔρωτα ἤδη ἐρᾷ. — ἐρᾶν, s. zum folg. c. — μοι δοκεῖν, s. zu I, 10.

12. οὐ . . οὐδέν, Kr. Gr. §. 67, 12. — ἀποφαίνειν. Man sollte den Infinit. des Futur. ἀποφανεῖν erwarten; allein die Griechen gebrauchen ebenso wie wir zuweilen den Inf. des Präs. in solcher Verbindung. — πῶς γὰρ οὔ; warum denn nicht? — αὑτούς, näml. θεούς, da ἐν τῷ οὐρανῷ vorhergegangen. Dial. deor. 6, 3: ἀλλ' ἡμεῖς τούτων αἴτιοι καὶ πέρα τοῦ μετρίου φιλάνθρωποι, οἳ γε καὶ συμπότας αὐτοὺς (näml. τοὺς ἀνθρώπους) ἐποιησάμεθα. Kr. Gr. §. 58, 4, 2. Vgl. zu III, 4. — εἰπέ μοι, σίδηρος δέ. In solchen mit δέ eingeführten Fragen ist das entsprechende μέν mit seinem Gedanken zu ergänzen. Hier der Sinn: Gold habt ihr, wie du sagst, in Masse; aber erzeugt Lydien auch Eisen? Dial. deor. 4, 2: εἰπέ μοι, Διὸς δὲ οὐκ ἤκουσας ὄνομα; Catapl. 11. 14. De saltat. 5. Gall. 24. Icaromenipp. 24. Anachars. 21. Philops. 24 u. s. — οὐ πάνυ τι, s. zu II, 2. —

*ΚΡΟΙΣ.* Ἐρώτα, ὦ Σόλων.
*ΣΟΛ.* Πότεροι ἀμείνους, οἱ σώζοντές τινας ἢ οἱ σωζόμενοι πρὸς αὑτῶν;
*ΚΡΟΙΣ.* Οἱ σώζοντες δηλαδή.
*ΣΟΛ.* Ἆρ᾿ οὖν, ἢν Κῦρος, ὡς λογοποιοῦσί τινες, ἐπίῃ Λυδοῖς, χρυσᾶς μαχαίρας σὺ ποιήσῃ τῷ στρατῷ, ἢ ὁ σίδηρος ἀναγκαῖος τότε;
*ΚΡΟΙΣ.* Ὁ σίδηρος δῆλον ὅτι.
*ΣΟΛ.* Καὶ εἴ γε τοῦτον μὴ παρασκευάσαιο, οἴχοιτο ἄν σοι ὁ χρυσὸς ἐς Πέρσας αἰχμάλωτος.
*ΚΡΟΙΣ.* Εὐφήμει, ἄνθρωπε.
*ΣΟΛ.* Μὴ γένοιτο μὲν οὕτω ταῦτα· φαίνῃ δ᾿ οὖν ἀμείνω τοῦ χρυσοῦ τὸν σίδηρον ὁμολογῶν.
*ΚΡΟΙΣ.* Οὐκοῦν καὶ τῷ θεῷ σιδηρᾶς πλίνθους θέλεις ἀνατιθέναι με, τὸν δὲ χρυσὸν ὀπίσω αὖθις ἀνακαλεῖν;
*ΣΟΛ.* Οὐδὲ σιδήρου ἐκεῖνός γε δεήσεται, ἀλλ᾿ ἤν τε χαλκὸν ἤν τε χρυσὸν ἀναθῇς, ἄλλοις μέν ποτε κτῆμα καὶ ἕρμαιον ἔσῃ ἀνατεθεικὼς ἢ Φωκεῦσιν ἢ Βοιωτοῖς ἢ Δελφοῖς αὐτοῖς ἤ τινι τυράννῳ ἢ λῃστῇ, τῷ δὲ θεῷ ὀλίγον μέλει τῶν σῶν χρυσοποιῶν.
*ΚΡΟΙΣ.* Ἀεὶ σύ μου τῷ πλούτῳ προσπολεμεῖς καὶ φθονεῖς.

13. *ΕΡΜ.* Οὐ φέρει ὁ Λυδός, ὦ Χάρων, τὴν παρρησίαν καὶ τὴν ἀλήθειαν τῶν λόγων, ἀλλὰ ξένον αὐτῷ δοκεῖ τὸ πρᾶγμα, πένης ἄνθρωπος οὐχ ὑποπτήσσων, τὸ δὲ παριστάμενον ἐλευθέρως λέγων. μεμνήσεται δ᾿ οὖν μικρὸν ὕστερον τοῦ Σόλωνος, ὅταν αὐτὸν δέῃ ἁλόντα ἐπὶ τὴν πυρὰν ὑπὸ τοῦ Κύρου

---

ποιήσῃ, machen lassen. — ἐς Πέρσας = ἐς Περσίδα. Der Name des Volkes, wie häufig auch bei den Lateinern, für den Namen des Landes. Kr. Gr. §. 68, 21, 2. — εὐφήμει, brauche Worte von guter Bedeutung, d. i. das verhüte Gott, rede nicht so. — φαίνῃ . . ὁμολογῶν. Oben c. 11: ἀλλ᾿ οὐ Σόλων γε ἐκεῖνος ἐρᾶν αὑτοῦ φαίνεται. Mit dem Particip. steht φαίνεσθαι verbunden, wenn von einem objectiven, realen Erscheinen, mit dem Infinitiv., wie δοκεῖν, wo von einem subjectiven Erscheinen die Rede ist, wiewohl spätere Schriftsteller diesen Unterschied keineswegs stets beobachten. Vgl. Kr. Gr. §. 56, 4, 5. — ἤν τε .. ἤν τε, sive .. sive. — Φωκεῦσιν. Im sogenannten heiligen Kriege (356 – 346) bemächtigten sich die Phoker des reichen Tempels und raubten die dort befindlichen Schätze. — χρυσοποιῶν, Goldmacher, Goldarbeiter. Ebenso in der Anthol. Pal. 14, 50 ἀργυροποιός.
13. οὐχ ὑποπτήσσων, nähere Bestimmung zu τὸ πρᾶγμα. — τὸ παριστάμενον, was gerade in den Sinn kommt. — δέῃ, d. i.

ἀναχθῆναι· ἤκουσα γὰρ τῆς Κλωθοῦς πρῴην ἀναγινωσκούσης τὰ ἑκάστῳ ἐπικεκλωσμένα, ἐν οἷς καὶ ταῦτα ἐγέγραπτο, Κροῖσον μὲν ἁλῶναι ὑπὸ Κύρου, Κῦρον δὲ αὐτὸν ὑπ' ἐκεινησὶ τῆς Μασσαγέτιδος ἀποθανεῖν. ὁρᾷς τὴν Σκυθίδα, τὴν ἐπὶ τοῦ ἵππου τούτου τοῦ λευκοῦ ἐξελαύνουσαν;

ΧΑΡ. Νὴ Δία.

ΕΡΜ. Τόμυρις ἐκείνη ἐστί, καὶ τὴν κεφαλήν γε ἀποτεμοῦσα τοῦ Κύρου αὕτη ἐς ἀσκὸν ἐμβαλεῖ πλήρη αἵματος. ὁρᾷς δὲ καὶ τὸν υἱὸν αὐτοῦ τὸν νεανίσκον; Καμβύσης ἐκεῖνός ἐστιν· οὗτος βασιλεύσει μετὰ τὸν πατέρα καὶ μυρία σφαλεὶς ἔν τε τῇ Λιβύῃ καὶ Αἰθιοπίᾳ τὸ τελευταῖον μανεὶς ἀποθανεῖται ἀποκτείνας τὸν Ἆπιν.

ΧΑΡ. Ὦ πολλοῦ γέλωτος. ἀλλὰ νῦν τίς ἂν αὐτοὺς προσβλέψειεν οὕτως ὑπερφρονοῦντας τῶν ἄλλων; ἢ τίς ἂν πιστεύσειεν ὡς μετ' ὀλίγον οὗτος μὲν αἰχμάλωτος ἔσται, οὗτος δὲ τὴν κεφαλὴν ἕξει ἐν ἀσκῷ αἵματος; 14. ἐκεῖνος δὲ τίς ἐστιν, ὦ Ἑρμῆ, ὁ τὴν πορφυρᾶν ἐφεστρίδα ἐμπεπορπημένος, ὁ τὸ διάδημα, ᾧ τὸν δακτύλιον ὁ μάγειρος ἀναδίδωσι τὸν ἰχθὺν ἀνατεμών,

νήσῳ ἐν ἀμφιρύτῃ; βασιλεὺς δέ τις εὔχεται εἶναι.

quum tempus aderit, ut. So oft δεῖ von dem, was nach dem Schicksal nothwendig eintreten muss. — ἐπὶ τὴν πυράν, Herodot. 1, 86. — Κλωθοῦς, eine der drei Parzen (Lachesis, Atropos), die den Lebensfaden spinnt. — ἁλῶναι . . ἀποθανεῖν, Infinitiv. des Aorists, wo wir den des Futurum's erwarten; s. Kr. Gr. §. 53, 6, 9. — ὑπ' ἐκεινησὶ . . ἀποθανεῖν, s. zu II, 32. — Τόμυρις, Herodot. 1, 214. — μυρία σφαλείς, nachdem er tausend Unfälle erlitten; μυρία ist Accusat., Kr. Gr. §. 46, 5. — ἀποκτείνας τὸν Ἆπιν. Apis ist der von den Aegyptiern göttlich verehrte Stier. Herodot. 3, 30: Καμβύσης δέ, ὡς λέγουσι Αἰγύπτιοι, αὐτίκα διὰ τοῦτο τὸ ἀδίκημα ἐμάνη, ἐὼν οὐδὲ πρότερον φρενήρης. Kambyses hatte sich unvorsichtig mit seinem Schwerte an derselben Stelle seines Körpers verwundet, an der er den Apis tödtlich verwundet hatte. — ὦ πολλοῦ γέλωτος, o über das viele lächerliche Zeug; c. 22: τῆς ἀνοίας. 23: παπαῖ τῶν ἐπαίνων. 24: ὦ τῆς ἀνοίας. — ἐν ἀσκῷ αἵματος, in einem Schlauche mit Blut. So schon Homer. Odyss. 9, 196: αἴγεον ἀσκὸν ἔχον μέλανος οἴνοιο. Kr. Gr. §. 47, 8.

14. τὴν ἐφεστρίδα, ein chlamysartiges Gewand, Oberkleid, Mantel, mit einer Spange od. Agraffe (πόρπη) über der Schulter zusammengehalten. Dial. meretr. 9, 2: ἑώρακα αὐτὸν ἐφεστρίδα περιπόρφυρον ἐμπεπορπημένον. Dial. mort. 13, 5. — ὁ τὸ διάδημα, s. oben zu c. 9. — ᾧ τὸν δακτύλιον, vgl. Herodot. 3, 41 f. — νήσῳ ἐν ἀμφιρύτῃ, d. i. Samos, bei Homer. Odyss. 1, 50. von der Insel Ogygia. Mit den folgenden Worten βασ. δέ τις εὔχεται εἶναι vgl. Odyss. 1, 180. 5, 450. — προσο-

ΕΡΜ. Εὖ γε παρῳδεῖς ἤδη, ὦ Χάρων, ἀλλὰ Πολυκράτην ὁρᾷς τὸν Σαμίων τύραννον πανευδαίμονα ἡγούμενον εἶναι· ἀτὰρ καὶ οὗτος αὐτὸς ὑπὸ τοῦ παρεστῶτος οἰκέτου Μαιανδρίου προδοθεὶς Ὀροίτῃ τῷ σατράπῃ ἀνασκολοπισθήσεται ἄθλιος ἐκπεσὼν τῆς εὐδαιμονίας ἐν ἀκαρεῖ τοῦ χρόνου· καὶ ταῦτα γὰρ τῆς Κλωθοῦς ἐπήκουσα.

ΧΑΡ. Ἄγαμαι Κλωθοῦς γεννικῆς· καὶ' αὐτούς, ὦ βελτίστη, καὶ τὰς κεφαλὰς ἀπότεμνε καὶ ἀνασκολόπιζε, ὡς εἰδῶσιν ἄνθρωποι ὄντες· ἐν τοσούτῳ δὲ ἐπαιρέσθων ὡς ἂν ἀφ' ὑψηλοτέρου ἀλγεινότερον καταπεσούμενοι. ἐγὼ δὲ γελάσομαι τότε γνωρίσας αὐτῶν ἕκαστον γυμνὸν ἐν τῷ σκαφιδίῳ μήτε τὴν πορφυρίδα μήτε τιάραν ἢ κλίνην χρυσῆν κομίζοντας.

15. ΕΡΜ. Καὶ τὰ μὲν τούτων ὧδε ἕξει. τὴν δὲ πληθὺν ὁρᾷς, ὦ Χάρων, τοὺς πλέοντας αὐτῶν, τοὺς πολεμοῦντας, τοὺς δικαζομένους, τοὺς γεωργοῦντας, τοὺς δανείζοντας, τοὺς προσαιτοῦντας;

ΧΑΡ. Ὁρῶ ποικίλην τινὰ τὴν τύρβην καὶ μεστὸν ταραχῆς τὸν βίον καὶ τὰς πόλεις γε αὐτῶν ἐοικυίας τοῖς σμήνεσιν, ἐν οἷς ἅπας μὲν ἴδιόν τι κέντρον ἔχει καὶ τὸν πλησίον κεντεῖ, ὀλίγοι δέ τινες ὥσπερ σφῆκες ἄγουσι καὶ φέρουσι τὸ ὑποδεέστερον. ὁ δὲ περιπετόμενος αὐτοὺς ἐκ τἀφανοῦς οὗτος ὄχλος τίνες εἰσίν;

Θείς. Von einem Verrath ist bei Herodot. 3, 120 ff. nicht die Rede. — τῷ σατράπῃ. Er war persischer Statthalter in Sardes. — ἄθλιος, nicht ὁ ἄθλιος, weil es mit ἐκπεσών zu verbinden. Anders c. 17. — ἐν ἀκαρεῖ τοῦ χρόνου, s. zu II, 3. — ἄγαμαι Κλωθοῦς γεννικῆς, d. i. recht so, wackere Klotho. Ebenso steht ἄγαμαι in der Anrede mit dem Genetivus bei Aristoph. Acharn. 464. — καὶ' αὐτούς, in Bezug auf Krösos. — ἐν τοσούτῳ, s. zu II, 10. — ἐπαιρέσθων, sie mögen sich erheben. — ὡς ἂν — καταπεσούμενοι, s. zu c. 1. In Verbindung mit dem Particip. des Futur. ebenso Asin. 26: ἐγὼ δὲ ἀνέστενον ἐμαυτὸν ὡς ἂν ἀποσφαγησόμενος καὶ μηδὲ νεκρὸς εὐτυχῆς κεισόμενος, ἀλλὰ κτέ. — κομίζοντας. Wie ist der Plural zu erklären? κομίζειν, mit sich führen.

15. αὐτῶν, in Bezug auf πληθύν. — ποικίλην τινὰ τὴν τ.., s. zu I, 1. — καὶ τὰς πόλεις γε. γέ nach καί hebt den stets eingeschobenen Begriff hervor. Vgl. weiter unten u. c. 16: καὶ κληρονομῆσαί γε. Pisc. 47 u. s. — ἄγουσι καὶ φέρουσι. Eigentlich von Feinden, wobei ἄγειν auf Menschen und Vieh, und φέρειν auf tragbare Gegenstände geht; dann uneigentlich s. v. a. gewaltthätig behandeln, misshandeln. Vgl. Dial. deor. 6, 3. Jup. conf. 17. Ebenso bei Livius agere (et) ferre im eigentlichen und uneigentlichen Sinne. — τὸ ὑποδεέστερον = τοὺς ὑποδεεστέρους, die Schwächeren. Kr. Gr. §. 43, 4, 17. — ἐκ τἀφανοῦς,

*ΕΡΜ.* Ἐλπίδες, ὦ Χάρων, καὶ δείματα καὶ ἄνοιαι καὶ ἡδοναὶ καὶ φιλαργυρίαι καὶ ὀργαὶ καὶ μίση καὶ τὰ τοιαῦτα. τούτων δὲ ἡ ἄνοια μὲν κάτω ξυναναμέμικται αὐτοῖς καὶ ξυμπολιτεύεταί γε νὴ Δία, καὶ τὸ μῖσος καὶ ἡ ὀργὴ καὶ ζηλοτυπία καὶ ἀμαθία καὶ ἀπορία καὶ φιλαργυρία, ὁ φόβος δὲ καὶ αἱ ἐλπίδες ὑπεράνω πετόμενοι ὁ μὲν ἐμπίπτων ἐκπλήττει, ἐνίοτε καὶ ὑποπτήσσειν ποιεῖ, αἱ δ' ἐλπίδες ὑπὲρ κεφαλῆς αἰωρούμεναι, ὁπόταν μάλιστα οἴηταί τις ἐπιλήψεσθαι αὐτῶν, ἀναπτάμεναι οἴχονται κεχηνότας αὐτοὺς ἀπολιποῦσαι, ὅπερ καὶ τὸν Τάνταλον κάτω πάσχοντα ὁρᾷς ὑπὸ τοῦ ὕδατος. 16. ἢν δὲ ἀτενίσῃς, κατόψει καὶ τὰς Μοίρας ἄνω ἐπικλωθούσας ἑκάστῳ τὸν ἄτρακτον, ἀφ' οὗ ἠρτῆσθαι ξυμβέβηκεν ἅπαντας ἐκ λεπτῶν νημάτων. ὁρᾷς καθάπερ ἀράχνιά τινα καταβαίνοντα ἐφ' ἕκαστον ἀπὸ τῶν ἀτράκτων;

*ΧΑΡ.* Ὁρῶ πάνυ λεπτὸν ἕκαστον νῆμα ἐπιπεπλεγμένον γε τὰ πολλά, τοῦτο μὲν ἐκείνῳ, ἐκεῖνο δὲ ἄλλῳ.

*ΕΡΜ.* Εἰκότως, ὦ πορθμεῦ· εἵμαρται γὰρ ἐκεῖνον μὲν ὑπὸ τούτου φονευθῆναι, τοῦτον δὲ ὑπ' ἄλλου, καὶ κληρονομῆσαί γε τοῦτον μὲν ἐκείνου, ὅτου ἂν ᾖ μικρότερον τὸ νῆμα, ἐκεῖνον δὲ αὖ τούτου· τοιόνδε γάρ τι ἡ ἐπιπλοκὴ δηλοῖ. ὁρᾷς δ' οὖν ἀπὸ λεπτοῦ κρεμαμένους ἅπαντας; καὶ οὗτος μὲν ἀνασπασθεὶς ἄνω μετέωρός ἐστι καὶ μετὰ μικρὸν καταπεσών, ἀπορραγέντος τοῦ λίνου, ἐπειδὰν μηκέτι ἀντέχῃ πρὸς τὸ βάρος, μέγαν τὸν ψόφον ἐργάσεται, οὗτος δὲ ὀλίγον ἀπὸ γῆς

---

eigentl. von einem unsichtbaren Punkte aus, unsichtbarer Weise. Vgl. ἐκ od. ἀπὸ τοῦ προφανοῦς. Kr. Gr. §. 43, 4, 5. — κάτω, unten, auf der Erde. — ἀναπτάμεναι οἴχονται. Vgl. hiermit Toxar. 9. — κεχηνότας αὐτούς, in Bezug auf das vorhergehende collective τίς. Philopseud. 20: εὐχαί τινος ἢ μισθὸς ἐπὶ τῇ ἰάσει, ὁπόσοι δι' αὐτὸν ἐπαύσαντο πυρετῷ ἐχόμενοι. — Τάνταλον, s. zu II, 18.
16. ἐπικλωθ. ἑκάστῳ τὸν ἄτρακτον. Catapl. 7: σχεδὸν γὰρ ὅλον μοι τὸν ἄτρακτον ἐπέκλωσας. — ξυμβέβηκεν, es hat sich getroffen, ist der Fall. — ἐκ,

vermittelst. — ἀράχνια, Spinnefäden. — ἐπιπεπλεγμένον γε τὰ πολλά, der (Faden) grösstentheils verschlungen ist. — ἐκείνῳ.. ἄλλῳ = τῷ ἐκείνου und τῷ ἄλλου, näml. νήματι, dieser (Faden) mit dem jenes. Eine oft vorkommende Kürze; Alex. 40: εἴτε Πυθαγόρου τὴν ψυχὴν ἔχοι εἴτε ἄλλην ὁμοίαν αὐτῷ, d. i. ὁμοίαν τῇ ψυχῇ αὐτοῦ u. ö. — κληρονομῆσαι, beerben, mit Genetiv. der Pers. auch sonst bei Luc. — ἐπιπλοκή, Verschlingung, Verflechtung. — ἀπὸ λεπτοῦ, wir: an einem Härchen. — ἀντέχῃ πρός. Dial. meretr. 11, 1: οὐκέτ' ἀντέχω πρὸς τὸ δεινόν.

αἰωρούμενος, ἢν καὶ πέσῃ, ἀψοφητὶ κείσεται, μόλις καὶ τοῖς γείτοσιν ἐξακουσθέντος τοῦ πτώματος.

ΧΑΡ. Παγγέλοια ταῦτα, ὦ Ἑρμῆ.

17. ΕΡΜ. Καὶ μὴν οὐδ' εἰπεῖν ἔχοις ἂν κατὰ τὴν ἀξίαν, ὅπως ἐστὶ καταγέλαστα, ὦ Χάρων, καὶ μάλιστα αἱ ἄγαν σπουδαὶ αὐτῶν καὶ τὸ μεταξὺ τῶν ἐλπίδων οἴχεσθαι ἀναρπάστους γιγνομένους ὑπὸ τοῦ βελτίστου Θανάτου. ἄγγελοι δὲ καὶ ὑπηρέται αὐτοῦ μάλα πολλοί, ὡς ὁρᾷς, ἠπίαλοι καὶ πυρετοὶ καὶ φθόαι καὶ περιπνευμονίαι καὶ ξίφη καὶ λῃστήρια καὶ κώνεια καὶ δικασταὶ καὶ τύραννοι· καὶ τούτων οὐδὲν ὅλως αὐτοὺς εἰσέρχεται, ἔστ' ἂν εὖ πράττωσιν, ὅταν δὲ σφαλῶσι, πολὺ τὸ ὀτοτοῖ καὶ αἰαῖ καὶ οἴμοι. εἰ δὲ εὐθὺς ἐξ ἀρχῆς ἐνενόουν ὅτι θνητοί τέ εἰσιν αὐτοὶ καὶ ὀλίγον τοῦτον χρόνον ἐπιδημήσαντες τῷ βίῳ ἀπίασιν ὥσπερ ἐξ ὀνείρατος, πάντα ὑπὲρ γῆς ἀφέντες, ἔζων τε ἂν σωφρονέστερον καὶ ἧττον ἠνιῶντο ἀποθανόντες· νῦν δὲ ἐς ἀεὶ ἐλπίσαντες χρήσεσθαι τοῖς παροῦσιν, ἐπειδὰν ἐπιστὰς ὁ ὑπηρέτης καλῇ καὶ ἀπάγῃ πεδήσας τῷ πυρετῷ ἢ τῇ φθόῃ, ἀγανακτοῦσι πρὸς τὴν ἀγωγὴν οὔποτε προσδοκήσαντες ἀποσπασθήσεσθαι αὐτῶν. ἢ τί γὰρ οὐκ ἂν ποιήσειεν ἐκεῖνος ὁ τὴν οἰκίαν σπουδῇ οἰκοδομούμενος καὶ τοὺς ἐργάτας ἐπισπέρχων, εἰ μάθοι ὅτι ἡ μὲν ἕξει τέλος αὐτῷ, ὁ δὲ ἄρτι ἐπιθεὶς τὸν ὄροφον ἄπεισι τῷ κληρονόμῳ καταλιπὼν ἀπολαύειν αὐτῆς, αὐτὸς μηδὲ δειπνήσας ὁ ἄθλιος ἐν αὐτῇ; ἐκεῖνος μὲν γὰρ ὁ χαίρων ὅτι ἄρρενα παῖδα τέτοκεν αὐτῷ ἡ γυνή, καὶ τοὺς φίλους διὰ τοῦτο ἑστιῶν καὶ τοὔνομα τοῦ πατρὸς τιθέμενος, εἰ

---

Häufiger mit dem Dativ. — ἀψοφητί, ergänze πεσών aus dem vorhergehenden πέσῃ. — τοῖς γείτοσιν, s. zu III, 6. Sprichwörtliche Redensart.

17. αἱ ἄγαν σπουδαί. De merc. cond. 5: ἡ ἄγαν ἐλευθερία. Dial. mort. 27, 8: οἱ πάνυ γέροντες. Oben c. 1: τοῖς ἄνω πράγμασιν. u. ö., Kr. Gr. §. 50, 8, 8. — αὐτοὺς εἰσέρχεται, kommt ihnen in den Sinn, fällt ihnen ein. — πολύ, als Prädicat, dann ist häufig. De merc. cond. 5. Alex. 20. u. ö. — ἐς ἀεί verbinde mit χρήσεσθαι. S. zu c. 1 z. E. — πρός, in Bezug auf, wegen.— ἢ τί γάρ, s. zu III, 0. Uebrigens darf die Negation οὐκ hier nicht herausgeworfen werden: oder was würde der nicht thun, der u. s. w.; die Antwort ist: er würde nicht bauen. Vgl. Dial. meretr. 9, 3: νῦν δὲ τί οὐκ ἂν ἐκεῖνος ποιήσειεν; Fugit. 32: εἶτα τί οὐκ ἂν γένοιτο; — ὁ δέ, er (selbst) aber. Vgl. c. 20: ἀλλ' ἀνάγκη τὸν μὲν γυμνὸν οἴχεσθαι, τὴν οἰκίαν δὲ κτέ. — ἀπολαύειν, um zu geniessen. Kr. Gr. §. 55, 3, 20. — ὁ ἄθλιος. In derartigen Appositionen kann der Artikel nicht fehlen; vgl. II, 22. 23. De luct. 8 z. E. u. ö. Kr. Gr. §. 50, 8, 5. — τοῦ πατρός, d. i. des Grossvaters vom Kinde; denn das

ἠπίστατο ὡς ἑπτέτης γενόμενος ὁ παῖς τεθνήξεται, ἆρα ἄν σοι δοκεῖ χαίρειν ἐπ' αὐτῷ γεννωμένῳ; ἀλλὰ τὸ αἴτιον, ὅτι τὸν μὲν εὐτυχοῦντα ἐπὶ τῷ παιδὶ ἐκεῖνον ὁρᾷ τὸν τοῦ ἀθλητοῦ πατέρα τοῦ Ὀλύμπια νενικηκότος, τὸν γείτονα δὲ τὸν ἐκκομίζοντα τὸ παιδίον οὐχ ὁρᾷ οὐδὲ οἶδεν ἀφ' οἵας αὐτῷ κρόκης ἐκρέματο. τοὺς μὲν γὰρ περὶ τῶν ὅρων διαφερομένους ὁρᾷς ὅσοι εἰσί, καὶ τοὺς συναγείροντας τὰ χρήματα, εἶτα, πρὶν ἀπολαῦσαι αὐτῶν, καλουμένους ὑφ' ὧν εἶπον τῶν ἀγγέλων τε καὶ τῶν ὑπηρετῶν.

— 18. ΧΑΡ. Ὁρῶ ταῦτα πάντα καὶ πρὸς ἐμαυτόν γε ἐννοῶ 18 ὅ τι τὸ ἡδὺ αὐτοῖς παρὰ τὸν βίον ἢ τί ἐκεῖνό ἐστιν, οὗ στερόμενοι ἀγανακτοῦσιν. ἢν γοῦν τοὺς βασιλέας ἴδῃ τις αὐτῶν, οἵπερ εὐδαιμονέστατοι εἶναι δοκοῦσιν, ἔξω τοῦ ἀβεβαίου καὶ ὡς φῂς ἀμφιβόλου τῆς τύχης, πλείω τῶν ἡδέων τὰ ἀνιαρὰ εὑρήσει προσόντα αὐτοῖς, φόβους καὶ ταραχὰς καὶ μίση καὶ ἐπιβουλὰς καὶ ὀργὰς καὶ κολακείας· τούτοις γὰρ ἅπαντες ξύνεισιν. ἐῶ πένθη καὶ νόσους καὶ πάθη ἐξ ἰσοτιμίας δηλαδὴ ἄρχοντα αὐτῶν· ὅπου δὲ τὰ τούτων πονηρά, λογίζεσθαι καιρὸς οἷα τὰ τῶν ἰδιωτῶν ἂν εἴη. 19. ἐθέλω δ' οὖν σοι, ὦ Ἑρμῆ, 19

war bei den Griechen, wie auch jetzt noch bei ihnen, das Gewöhnlichste. Dieses geschah oft schon am siebenten, jedenfalls aber am zehnten Tage nach der Geburt unter feierlichem Opfer verbunden mit Schmausereien, wozu die Verwandten und Freunde eingeladen waren. — τεθνήξεται. Dieselbe Futurform oben c. 8. De merc. cond. 31. Pisc. 10 u. s. Sie gehört den Späteren an; bei den Att. τεθνήξω. — ἄν gehört zu χαίρειν. Vgl. cap. 20 zu E. Hermotim. 34 z. A. u. ö. — αἴτιον, näml. ἐστίν. — τοῦ Ὀλύμπια νενικηκότος, s. zu II, 50. Uebrigens galt dieses bei den Hellenen für das grösste irdische Glück. — ἐκκομίζοντα, näml. zur Bestattung. Ebenso im Latein. efferre. — ἐκρέματο. Welches ist das Subject? Vgl. mit dieser Stelle De luctu 15: οὔτ' ὅ τι πέπονθεν αὐτῷ ὁ παῖς οἶδεν. — ὑφ' ὧν εἶπον τῶν ἀγγέλων = ὑπὸ τῶν ἀγγέλων, οὓς εἶπον. De merc.

cond. 4: περὶ ὧν προεῖπον τῶν πεπαιδευμένων.
18. πρὸς ἐμαυτόν, bei mir; vgl. Conviv. 44. De morte Peregr. 38. — ὅ τι ... ἢ τί. Bei zwei od. mehreren indirecten Fragen hinter einander, wird mit den Relativen u. Fragewörtern um Wiederholung zu vermeiden abgewechselt; oben c. 1: ἐπεθύμησα ἰδεῖν, ὁποῖά ἐστι ... καὶ τίνων κτέ. Hermotim. 26: ἥντινα τραπόμενος ἢ τῷ ἀκολουθήσας. Ver. hist. 1, 5: βούλεσθαι μαθεῖν, ὅ τι τὸ τέλος ἐστὶ . . καὶ τίνες οἱ κτέ. Jup. trag. 21: ἐξετάσαι, τίνες αὐτῶν οἱ φαῦλοι ἢ οἵτινες οἱ χρηστοί εἰσιν. — παρὰ τὸν βίον, s. zu II, 50. — ἔξω, s. zu II, 1. — φόβους κτέ. Der Pluralis zur Bezeichnung der mannichfaltigen Arten. — πάθη, Unfälle. — ἐξ ἰσοτιμίας, auf gleiche Weise, wie über andere Sterbliche; vgl. Piscat. 34. De merc. cond. 16. — τούτων, näml. βασιλέων.
19. δ' οὖν muss es nach meiner

εἰπεῖν, ᾧτινι ἐοικέναι μοι ἔδοξαν οἱ ἄνθρωποι καὶ ὁ βίος ἅπας αὐτῶν. ἤδη ποτὲ πομφόλυγας ἐν ὕδατι ἐθεάσω ὑπὸ κρουνῷ τινι καταράττοντι ἀνισταμένας; τὰς φυσαλίδας λέγω, ἀφ' ὧν ξυναγείρεται ὁ ἀφρός· ἐκείνων τοίνυν τινὲς μὲν μικραί εἰσι καὶ αὐτίκα ἐκραγεῖσαι ἀπέσβησαν, αἱ δ' ἐπὶ πλέον διαρκοῦσι καὶ προσχωρουσῶν αὐταῖς τῶν ἄλλων αὗται ὑπερφυσώμεναι ἐς μέγιστον ὄγκον αἴρονται, εἶτα μέντοι κἀκεῖναι πάντως ἐξερράγησάν ποτε· οὐ γὰρ οἷόν τε ἄλλως γενέσθαι. τοῦτό ἐστιν ὁ ἀνθρώπου βίος· ἅπαντες ὑπὸ πνεύματος ἐμπεφυσημένοι οἱ μὲν μείζους, οἱ δὲ ἐλάττους· καὶ οἱ μὲν ὀλιγοχρόνιον ἔχουσι καὶ ὠκύμορον τὸ φύσημα, οἱ δὲ ἅμα τῷ ξυστῆναι ἐπαύσαντο· πᾶσι δ' οὖν διαρραγῆναι ἀναγκαῖον.

ΕΡΜ. Οὐδὲν χεῖρον σὺ τοῦ Ὁμήρου εἴκασας, ὦ Χάρων, ὃς φύλλοις τὸ γένος αὐτῶν ὁμοιοῖ.

20. ΧΑΡ. Καὶ τοιοῦτοι ὄντες, ὦ Ἑρμῆ, ὁρᾷς οἷα ποιοῦσι καὶ ὡς φιλοτιμοῦνται πρὸς ἀλλήλους, ἀρχῶν πέρι καὶ τιμῶν καὶ κτήσεων ἁμιλλώμενοι, ἅπερ ἅπαντα καταλιπόντας αὐτοὺς δεήσει ἕνα ὀβολὸν ἔχοντας ἥκειν παρ' ἡμᾶς. βούλει οὖν, ἐπείπερ ἐφ' ὑψηλοῦ ἐσμέν, ἀναβοήσας παμμέγεθες παραινέσω αὐτοῖς ἀπέχεσθαι μὲν τῶν ματαίων πόνων, ζῆν δὲ ἀεὶ τὸν θάνατον πρὸ ὀφθαλμῶν ἔχοντας, λέγων, Ὦ μάταιοι, τί ἐσπουδάκατε περὶ ταῦτα; παύσασθε κάμνοντες· οὐ γὰρ ἐς ἀεὶ βιώσεσθε· οὐδὲν τῶν ἐνταῦθα σεμνῶν ἀΐδιόν ἐστιν, οὐδ' ἂν

---

Besserung heissen für γοῦν. — πομφόλυγας. Petron. satyric. 42, 4: nos non pluris sumus quam bullae. — καταράττοντι, intrans. herunterstürzen. — ἀφ' ὧν, s. zu c. 4. — τινὲς μὲν .. αἱ δ', = αἱ μὲν .. αἱ δέ. Parthen. 8: ἔνθα δὴ τὰς μὲν ἐρύσαντο, τινὲς δὲ ἀπήχθησαν. ebend. 28. — αὐτίκα in Verbindung mit dem Particip. das lat. simulac. — ἀπέσβησαν. Beachte hier den Wechsel des Aorist mit dem Präsens; jener dient zur Bezeichnung des schnellen Verlaufs einer Handlung, dieses zur Bezeichnung der Dauer; vgl. Kr. Gr. §. 53, 10, 2. — ἐπὶ πλέον, auf längere Zeit. — τοῦτό ἐστιν ὁ ἀνθρώπου βίος. Toxar. 48: τοῦτό ἐστιν ἡμῖν ἡ μεγίστη ἱκετηρία. De merc. cond. 23: τοῦτο ἡ κρᾶσίς ἐστιν u ö. Vgl. Kr. Gr. §. 61, 7, 4. — μείζους, ἐλάττους. Prädicate; wir: die einen mehr, die anderen weniger. — εἴκασας, einen Vergleich anstellen. — φύλλοις. Glaukos in der Ilias 6, 146: οἵη περ φύλλων γενεή, τοιήδε καὶ ἀνδρῶν. 20. ἕνα ὀβολὸν ἔχοντας. Als Fährgeld für den Charon steckte man den Todten einen Obolos in den Mund; vgl. oben c. 11: οἶδα γὰρ τὸν χαλκὸν κτέ. und Dial. mort. 1, 3. De luct. 10. — ἀναβοήσας παμμέγεθες. Necyom. 9: παμμέγεθες ἀνακραγών. De luct. 19: παμμέγεθες ἀνακαγχάσαι. Ebenso im Latein. exclamare maxi-

ἀπάγοι τις αὐτῶν τι ξὺν αὐτῷ ἀποθανών, ἀλλ' ἀνάγκη τὸν μὲν γυμνὸν οἴχεσθαι, τὴν οἰκίαν δὲ καὶ τὸν ἀγρὸν καὶ τὸ χρυσίον ἀεὶ ἄλλων εἶναι καὶ μεταβάλλειν τοὺς δεσπότας. εἰ ταῦτα καὶ τὰ τοιαῦτα ἐξ ἐπηκόου ἐμβοήσαιμι αὐτοῖς, οὐκ ἄν οἴει μεγάλα ὠφεληθῆναι τὸν βίον καὶ σωφρονεστέρους ἄν γενέσθαι παρὰ πολύ;

21. ΕΡΜ. Ὦ μακάριε, οὐκ οἶσθα, ὅπως αὐτοὺς ἡ ἄγνοια καὶ ἡ ἀπάτη διατεθείκασιν, ὡς μηδ' ἄν τρυπάνῳ ἔτι διανοιχθῆναι αὐτοῖς τὰ ὦτα· τοσούτῳ κηρῷ ἔβυσαν αὐτά, οἷόν περ ὁ Ὀδυσσεὺς τοὺς ἑταίρους ἔδρασε δέει τῆς Σειρήνων ἀκροάσεως. πόθεν οὖν ἄν ἐκεῖνοι ἀκοῦσαι δυνηθεῖεν, ἤν καὶ σὺ κεκραγὼς διαρραγῇς; ὅπερ γὰρ παρ' ὑμῖν ἡ Λήθη δύναται, τοῦτο ἐνταῦθα ἡ ἄγνοια ἐργάζεται. πλὴν ἀλλ' εἰσὶν αὐτῶν ὀλίγοι οὐ παραδεδεγμένοι τὸν κηρὸν ἐς τὰ ὦτα πρὸς τὴν ἀλήθειαν ἀποκλίνοντες, ὀξὺ δεδορκότες ἐς τὰ πράγματα καὶ κατεγνωκότες οἷά ἐστιν.

ΧΑΡ. Οὐκοῦν ἐκείνοις γοῦν ἐμβοήσωμεν;

ΕΡΜ. Περιττὸν καὶ τοῦτο, λέγειν πρὸς αὐτοὺς ἅ ἴσασιν. ὁρᾷς, ὅπως ἀποσπάσαντες τῶν πολλῶν καταγελῶσι τῶν γιγνομένων καὶ οὐδαμῇ οὐδαμῶς ἀρέσκονται αὐτοῖς, ἀλλὰ δῆλοί

mum. Kr. Gr. §. 46, 5, 6. — τὸν μέν, s. oben zu c. 17 ὁ δέ. — ἐξ ἐπηκόου, von einem Orte, von wo aus man etwas leicht vernehmen kann. Ebenso ἐκ τοῦ ἐπηκόου Bis acc. 9. — ἄν, s. zu c. 17. — μεγάλα ὠφεληθῆναι. In der Regel der Accusat. des Neutr. Plur. bei den Verb. des Nützens und Schadens. Tim. 51: οὐ μικρὰ ὠφέλησε τὴν πόλιν. Kr. Gr. §. 46, 5, 5. vgl. mit 7. — παρὰ πολύ, s. zu II, 18.

21. ὦ μακάριε, o Guter; ebenso Vit. auct. 26. Anachars. 34. — ὅπως αὐτοὺς .. διατεθείκασιν, quomodo eos affecerint. Anachars. 33: ἡ εἰρήνη διατέθεικεν ὑμᾶς οὕτως u. ö. Uebrigens vgl. II, 27. — ὡς μηδ' ἄν — διανοιχθῆναι. Gleich dem Optativ. mit ἄν in unabhängiger Rede. Thucyd. 2, 49: τὰ δὲ ἐντὸς οὕτως ἑκάετο, ὥστε .. ἥδιστα ἄν ἐς ὕδωρ ψυχρὸν σφᾶς αὐτοὺς ῥίπτειν. Vgl. Kr. Gr. §. 54, 6, 6. — ὁ Ὀδυσσεύς. Odyss. 12, 177. — ἤν καί, etiam si. — κεκραγὼς διαρραγῇς. Adv. indoct. 20: ἤν μὴ διαρραγῶσι βοῶντες. u. s. — Λήθη, der Fluss in der Unterwelt, aus dem die Schatten Vergessenheit des Irdischen tranken. Vgl. De luct. 5. — ὀξὺ δεδορκότες ἐς, scharf in's Auge fassend. Mit blossem Accusat. Calumn. non tem. cred. 10: ἀλλήλους ὀξὺ δεδόρκασι. Dieses Verbum ist ein dichter. Wort und findet sich in Prosa erst bei Späteren. — ἐμβοήσωμεν, s. zu II, 30. — λέγειν κτέ., nähere Bestimmung zu τοῦτο. — ἀποσπάσαντες. Dieses Verbum steht hier intrans. sich absondern, sich trennen. Ebenso Dial. deor. 20, 5. Dial. mar. 12, 1. Icaromenipp. 11. De domo 12. Und so auch schon bei Xenoph. anab. 1, 5, 3. ἀποστάντες, was sich hier als Lesart findet, ist Erklärung. — οὐδαμῇ οὐδαμῶς, nirgends und auf keine

εἰσι δρασμὸν ἤδη βουλεύοντες παρ' ὑμᾶς ἀπὸ τοῦ βίου; καὶ γὰρ καὶ μισοῦνται ἐλέγχοντες αὐτῶν τὰς ἀμαθίας.

ΧΑΡ. Εὖ γε, ὦ γεννάδαι· πλὴν πάνυ ὀλίγοι εἰσίν, ὦ Ἑρμῆ.

ΕΡΜ. Ἱκανοὶ καὶ οὗτοι. ἀλλὰ κατίωμεν ἤδη.

22. ΧΑΡ. Ἓν ἔτι ἐπόθουν, ὦ Ἑρμῆ, εἰδέναι, καί μοι δείξας αὐτὸ ἐντελῆ ἔσῃ τὴν περιήγησιν πεποιημένος, τὰς ἀποθήκας τῶν σωμάτων, ἵνα κατορύττουσι, θεάσασθαι.

ΕΡΜ. Ἠρία, ὦ Χάρων, καὶ τύμβους καὶ τάφους καλοῦσι τὰ τοιαῦτα. πλὴν τὰ πρὸ τῶν πόλεων ἐκεῖνα τὰ χώματα ὁρᾷς καὶ τὰς στήλας καὶ πυραμίδας; ἐκεῖνα πάντα νεκροδοχεῖα καὶ σωματοφυλάκιά εἰσι.

ΧΑΡ. Τί οὖν ἐκεῖνοι στεφανοῦσι τοὺς λίθους καὶ χρίουσι μύρῳ; οἱ δὲ καὶ πυρὰν νήσαντες πρὸ τῶν χωμάτων καὶ βόθρον τινὰ ὀρύξαντες καίουσί τε ταυτὶ τὰ πολυτελῆ δεῖπνα καὶ ἐς τὰ ὀρύγματα οἶνον καὶ μελίκρατον, ὡς γοῦν εἰκάσαι, ἐκχέουσιν;

ΕΡΜ. Οὐκ οἶδα, ὦ πορθμεῦ, τί ταῦτα πρὸς τοὺς ἐν Ἅιδου· πεπιστεύκασι δ' οὖν τὰς ψυχὰς ἀναπεμπομένας κάτωθεν

---

Weise, d.i. durchaus nicht; ebenso Pseudol. 19. Dissert. c. Hesiod. 8. — δηλοί εἰσι .. βουλεύοντες, s. zu II, 53. — παρ' ὑμᾶς, d. i. in die Unterwelt. — καὶ γὰρ καί, etenim etiam, bei den Attikern selten, auch sonst bei Lucian, De morte Peregr. 36. 39. u. s. — ὦ γεννάδαι, zu beziehen auf die eben erwähnten klugen Leute.

22. τὰς ἀποθήκας τῶν σωμάτων, ἵνα κατορύττουσι = τὰς ἀποθήκας, ἵνα κατορύττουσι τὰ σώματα. ἵνα, wo. Die Worte τὰς ἀποθήκας bis θεάσασθαι enthalten die nähere Erklärung und θεάσασθαι ist keineswegs überflüssig. Beachte dabei die gewöhnliche Gesprächsweise. — ἠρία κτέ. Hermes gibt hiermit dem Charon, der mit den Dingen auf der Oberwelt unbekannt ist, die wahren Benennungen. — πρὸ τῶν πόλεων. Die Todten wurden in der Regel vor den Thoren, am liebsten an öffentlichen Wegen begraben. —

ἐκεῖνα πάντα .. εἰσι. Beim Neutr. des Plural. steht so bei Luc. das Verbum bisweilen im Plural.; vgl. Dial. mort. 13. 2. Anachars. 20. Jup. trag. 40. Ver. hist. 1, 13. Cynic. 15. Kr. Gr. §. 63, 2, 1. — τοὺς λίθους, die Grabsteine. Anthol. Pal. 11, 8:

μὴ μύρα, μὴ στεφάνοις λιθίναις στήλαισι χαρίζου,
μηδὲ τὸ πῦρ φλέξῃς (βρέξῃς)· ἐς κενὸν ἡ δαπάνη.

— καίουσι κτέ. 'Lieblingsthiere, od. Kleidungsstücke, Schmuck und Mahlzeiten wurden mit dem Verstorbenen begraben od. verbrannt,' Hermann's Privatalterth. §. 40. Vgl. Vergil. Aen. 6, 224 f. — οἶνον καὶ μελίκρ., vgl. schon Homer. Odyss. 10, 516 ff. — ἐς τὰ ὀρύγμ. . . ἐκχέουσιν. Hermotim. 79: εἰς ὅλμον ὕδωρ ἐκχέας. — ὡς γοῦν εἰκάσαι, so viel man wenigstens vermuthen kann. — τί ταῦτα πρὸς τοὺς ἐν Ἅιδου, was dieses denen im Hades

δειπνεῖν μὲν ὡς οἱόν τε περιπετομένας τὴν κνῖσαν καὶ τὸν καπνόν, πίνειν δὲ ἀπὸ τοῦ βόθρου τὸ μελίκρατον. ΧΑΡ. Ἐκείνους ἔτι πίνειν ἢ ἐσθίειν, ὧν τὰ κρανία ξηρότατα; καίτοι γελοῖός εἰμι σοὶ λέγων ταῦτα ὑσημέραι κατάγοντι αὐτούς. οἶσθα οὖν, εἰ δύναιντ' ἂν ἔτι ἀνελθεῖν ἅπαξ ὑποχθόνιοι γενόμενοι. ἐπεί τοι καὶ παγγέλοι' ἂν, ὦ Ἑρμῆ, ἔπασχες, οὐκ ὀλίγα πράγματα ἔχων, εἰ ἔδει μὴ κατάγειν μόνον αὐτούς, ἀλλὰ καὶ αὖθις ἀνάγειν πιομένους. ὦ μάταιοι, τῆς ἀνοίας, οὐκ εἰδότες ἡλίκοις ὅροις διακέκριται τὰ νεκρῶν καὶ τὰ ζώντων πράγματα καὶ οἷα τὰ παρ' ἡμῖν ἐστι καὶ ὅτι

κάτθαν' ὁμῶς ὅ τ' ἄτυμβος ἀνὴρ ὅς τ' ἔλλαχε τύμβου,
ἐν δὲ ἰῇ τιμῇ Ἶρος κρείων τ' Ἀγαμέμνων·
Θερσίτῃ δ' ἶσος Θέτιδος παῖς ἠυκόμοιο.
πάντες δ' εἰσὶν ὁμῶς νεκύων ἀμενηνὰ κάρηνα,
γυμνοί τε ξηροί τε κατ' ἀσφοδελὸν λειμῶνα.

23. ΕΡΜ. Ἡράκλεις, ὡς πολὺν τὸν Ὅμηρον ἐπαντλεῖς. 23 ἀλλ' ἐπείπερ ἀνέμνησάς με, ἐθέλω σοι δεῖξαι τὸν τοῦ Ἀχιλλέως τάφον. ὁρᾷς τὸν ἐπὶ τῇ θαλάττῃ; Σίγειον μὲν ἐκεῖνό ἐστι τὸ Τρωικόν· ἀντικρὺ δὲ ὁ Αἴας τέθαπται ἐν τῷ Ῥοιτείῳ. ΧΑΡ. Οὐ μεγάλοι, ὦ Ἑρμῆ, οἱ τάφοι. τὰς πόλεις δὲ τὰς ἐπισήμους δεῖξόν μοι ἤδη, ἃς κάτω ἀκούομεν, τὴν Νίνον τὴν

helfen soll. — ὡς οἷόν τε, so viel als möglich ist. — ἐκείνους ἔτι πίνειν ἢ ἐσθίειν, jene sollten noch trinken od. essen? Ebenso Demosth. 57, 47: νῦν δὲ τοὺς αὑτοὺς τούτους ἐμὲ μεθ' αὑτῶν μηδὲ συνθύειν ἐᾶν; Ueber den ähnlichen latein. Sprachgebrauch Zumpt §. 609. — γελοῖός εἰμι λέγων, es ist lächerlich, dass ich. Piscat. 51: καίτοι γελοῖός εἰμι ἀναγκάζων ἰχθῦν λαβεῖν. Pro laps. in sal. 14. Cronos. 12. Ebenso δῆλός εἰμι, s. zu II, 53. — εἰ, ob. De merc. cond. 13: σκέψαι δ' αὐτός, εἴ τις ἂν αὐτὰ ὑπομεῖναι δύναιτο. Hermotim. 74. Phalar. 2, 10. Kr. Gr. §. 54, 6, 6. — ἐπεί τοι καί, denn wahrhaftig auch; vgl. Jup. trag. 2. — πράγματα. Ueber die Beschäftigungen des Hermes Dial. deor. 26. — πιομένους,

s. zu II, 25. — τῆς ἀνοίας, s. oben zu c. 13. — κάτθαν' κτέ. Aus verschiedenen homerischen Stellen zusammengesetzt; Il. 9, 319. 320. Odyss. 10, 521. 11, 538. 573. — Ἶρος, jener Bettler auf Ithaka, den die Freier der Penelope zum Kundschafter gebrauchten. — Θερσίτῃ, der feigste und hässlichste unter den Argeiern. 23. πολύν, prädicativ, quam largum infundis Homerum. ἐπαντλεῖν, ein Wort der Schiffersprache hier treffend vom Charon; vgl. De morte Peregr. 5. — Σίγειον, jetzt Jenischeer, Nordwestspitze Kleinasiens am Eingange des Hellespont. Etwas weiter nördlich Ῥοίτειον, jetzt Intepeh. — ἃς κάτω ἀκούομεν, von denen wir in der Unterwelt reden hören. — Νίνον, Hauptstadt Assyriens, zerstört von Kyaxares.

Σαρδαναπάλλου καὶ Βαβυλῶνα καὶ Μυκήνας καὶ Κλεωνὰς καὶ τὴν Ἴλιον αὐτήν· πολλοὺς γοῦν μέμνημαι διαπορθμεύσας ἐκεῖθεν, ὡς δέκα ὅλων ἐτῶν μὴ νεωλκῆσαι μηδὲ διαψῦξαι τὸ σκαφίδιον.

ΕΡΜ. Ἡ Νίνος μέν, ὦ πορθμεῦ, ἀπόλωλεν ἤδη καὶ οὐδὲ ἴχνος ἔτι λοιπὸν αὐτῆς, οὐδ' ἂν εἴποις ὅπου ποτὲ ἦν· ἡ Βαβυλὼν δέ σοι ἐκείνη ἐστὶν ἡ εὔπυργος, ἡ τὸν μέγαν περίβολον, οὐ μετὰ πολὺ καὶ αὐτὴ ζητηθησομένη ὥσπερ ἡ Νίνος· Μυκήνας δὲ καὶ Κλεωνὰς αἰσχύνομαι δεῖξαί σοι, καὶ μάλιστα τὸ Ἴλιον. ἀποπνίξεις γὰρ εὖ οἶδ' ὅτι τὸν Ὅμηρον κατελθὼν ἐπὶ τῇ μεγαληγορίᾳ τῶν ἐπῶν. πλὴν ἀλλὰ πάλαι μὲν ἦσαν εὐδαίμονες, νῦν δὲ τεθνᾶσι καὶ αὗται· ἀποθνήσκουσι γάρ, ὦ πορθμεῦ, καὶ πόλεις ὥσπερ ἄνθρωποι, καὶ τὸ παραδοξότατον, καὶ ποταμοὶ ὅλοι· Ἰνάχου γοῦν οὐδὲ τάφρος ἔτι ἐν Ἄργει καταλείπεται.

ΧΑΡ. Παπαῖ τῶν ἐπαίνων, Ὅμηρε, καὶ τῶν ὀνομάτων, 24 Ἴλιος ἱρὴ καὶ εὐρυάγυια καὶ ἐϋκτίμεναι Κλεωναί. 24. ἀλλὰ μεταξὺ λόγων τίνες ἐκεῖνοί εἰσιν οἱ πολεμοῦντες ἢ ὑπὲρ τίνος ἀλλήλους φονεύουσιν;

ΕΡΜ. Ἀργείους ὁρᾷς, ὦ Χάρων, καὶ Λακεδαιμονίους καὶ τὸν ἡμιθνῆτα ἐκεῖνον στρατηγὸν Ὀθρυάδαν τὸν ἐπιγράφοντα τὸ τρόπαιον τῷ αὐτοῦ αἵματι.

— *Μυκήνας* καὶ *Κλεωνάς*, Städte in Argolis. — *δέκα ὅλων ἐτῶν*, s. oben zu c. 2. — *διαψῦξαι*, auslüften, austrocknen. Thucyd. 7, 12, 3: τὰς ναῦς οὐκ ἔστιν ἀνελκύσαντας διαψῦξαι. — *ἡ τὸν μέγαν περίβολον*, s. oben zu c. 9. — *οὐ μετὰ πολύ*. Eingenommen wurde Babylon 538 v. Chr. von Kyros. Pausanias erzählt, dass zu seiner Zeit noch der Tempel des Belos und die Mauern übrig gewesen seien. — *αἰσχύνομαι δεῖξαί σοι*, ich schäme und scheue mich dir zu zeigen, s. Kr. Gr. §. 56, 6, 5. 55, 3, 18. Gall. 18: αἰσχύνομαι λέγειν πρὸς σὲ τὴν ἀλήθειαν. u. s. Hingegen Nigr. 14: οὐκ αἰσχύνονται πενίαν ὁμολογοῦντες. u. s. — *ἀποπνίξεις*. Seltene Futurform. Plat. com. fr. 195 Mein.: γάρῳ βάπτοντες ἀποπνίξουσί με. und Antiphan. com. fr. 170 Mein. — *εὖ οἶδ' ὅτι*, s. zu I, 18. — καὶ τὸ παραδοξότατον, und was das Unglaublichste ist; s. zu II, 14. — *Ἰνάχου*, Fluss in Argolis, jetzt Panitza. Dafür, dass derselbe in der älteren Zeit gänzlich verschwunden sei, gibt es keine Beweisstelle. — τῶν ἐπαίνων, s. zu c. 13.

24. *μεταξὺ λόγων*, halt' einmal, à propos, eigentl. während des Gesprächs, Dial. mort. 10, 12. u. s. — τὸν ἡμιθνῆτα ἐκεῖνον στρατηγόν, s. zu II, 6. — *Ὀθρυάδαν*. Als die Lakedämonier und Argeier, so lautet die gewöhnliche Erzählung, um das Grenzgebiet von Thyrea kämpften (um Ol. 58) und dreihundert gegen dreihundert strit-

ΧΑΡ. Ὑπὲρ τίνος δ' αὐτοῖς, ὦ Ἑρμῆ, ὁ πόλεμος;
ΕΡΜ. Ὑπὲρ τοῦ πεδίου αὐτοῦ, ἐν ᾧ μάχονται.
ΧΑΡ. Ὢ τῆς ἀνοίας, οἵ γε οὐκ ἴσασιν ὅτι, κἂν ὅλην τὴν Πελοπόννησον ἕκαστος αὐτῶν κτήσωνται, μόγις ἂν ποδιαῖον λάβοιεν τόπον παρὰ τοῦ Αἰακοῦ· τὸ δὲ πεδίον τοῦτο ἄλλοτε ἄλλοι γεωργήσουσι πολλάκις ἐκ βάθρων τὸ τρόπαιον ἀνασπάσαντες τῷ ἀρότρῳ.
ΕΡΜ. Οὕτω μὲν ταῦτα ἔσται· ἡμεῖς δὲ καταβάντες ἤδη καὶ κατὰ χώραν εὐθετήσαντες αὖθις τὰ ὄρη ἀπαλλαττώμεθα, ἐγὼ μὲν καθ' ἃ ἐστάλην, σὺ δὲ ἐπὶ τὸ πορθμεῖον· ἥξω δέ σοι καὶ αὐτὸς μετ' ὀλίγον νεκροστολῶν.
ΧΑΡ. Εὖ γε ἐποίησας, ὦ Ἑρμῆ· εὐεργέτης ἐς ἀεὶ ἀναγεγράψῃ. ὠνάμην τι διὰ σὲ τῆς ἀποδημίας. — οἷά ἐστι τὰ τῶν κακοδαιμόνων ἀνθρώπων πράγματα· Χάρωνος δὲ οὐδεὶς λόγος.

ten, blieben von den Argeiern zwei, von den Lakedämoniern aber allein Othryadas übrig. Letzterer soll nun, während jene zwei nach Argos eilten, um den Sieg zu verkünden, von den Schilden u. Waffen, obschon selbst schwer verwundet, ein Denkmal errichtet und mit seinem Blute die Worte Διὶ τροπαιούχῳ darauf geschrieben haben. Herodot. 1, 82. Vgl. Luc. Rhet. praecept. 18. — ὦ τῆς ἀνοίας, s. zu c. 13. — οἵ γε, weil bei ἀνοίας das Pronomen αὐτῶν in Gedanken zu ergänzen. — κτήσωνται. Der Plural. wegen des Collectivbegriffes in ἕκαστος. — ἄλλοτε ἄλλοι, bald diese bald jene. — κατὰ χώραν, auf oder an ihren Platz, an Ort und Stelle. Toxar. 33: κατὰ χώραν ἔμειναν. Icaromenipp. 21. — εὐθετεῖν, gehörig stellen, gehört den Späteren an. — ἥξω δέ σοι. Dieser ethische Dativ häufig bei Verbis wie ἥκειν. Toxar. 51: νῦν σοι ἥκω. Piscat. 16. u. ö. Ebenso im Latein., Cic. ad Att. 2, 15: ecce tibi Sebosus venit. — νεκροστολῶν, Todte zuführend, ein nur hier vorkommendes Wort. — εὖ γε ἐποίησας, bene de me meritus es. Vit. auct. 25. — εὐεργέτης ἀναγεγρ., metaphorisch. Eigentlich Ehrentitel solcher Männer, die sich um den Staat wohl verdient gemacht hatten. Wem diese Ehre zu Theil wurde, den pflegte man als εὐεργέτης auf Säulen oder anderen Denkmälern aufzuzeichnen (ἀναγράφειν). Ueber die Bedeutung des Futur. 3. s. Kr. Gr. §. 53, 9, 3. — ὠνάμην τι, ich habe einen ordentlichen Nutzen gehabt von. Die Form ὠνάμην für ὠνήμην, auch sonst bei Luc., Dial. mort. 12, 2. 22, 2., gehört der späteren Sprache an. — οἷα κτέ. Diese Worte spricht Charon, nachdem sich Hermes bereits entfernt hat. Auch drücken sie so recht eigentlich den ganzen Zweck des Dialogs aus. — Χάρωνος δὲ οὐδεὶς λόγος, von Charon ist keine Rede, d. i. an den Tod denkt Niemand. Fugit. 28: ἡμῶν δὲ οὐδεὶς λόγος. Catapl. 14: ἐμοῦ δὲ οὐδεὶς ὑμῖν λόγος.

Tim. c. 23 S. 31 ist τὸ ἀνάκτορον das lat. adytum, unser „Allerheiligstes".